# Os públicos
# justificam os meios

CIP-BRASIL. CATALOGAÇÃO NA PUBLICAÇÃO
SINDICATO NACIONAL DOS EDITORES DE LIVROS, RJ

M347p
Martinuzzo, José Antonio
  Os públicos justificam os meios : mídias customizadas e comunicação organizacional na economia da atenção / José Antonio Martinuzzo. - São Paulo : Summus, 2014.
  152 p.

  Inclui bibliografia
  ISBN 978-85-323-0956-3

  1. Comunicação de massa. 2. Comunicação empresarial. 3. Jornalismo. I. Título.

14-13481                                    CDD: 302.23
                                            CDU: 316.77

www.summus.com.br

EDITORA AFILIADA

Compre em lugar de fotocopiar.
Cada real que você dá por um livro recompensa seus autores
e os convida a produzir mais sobre o tema;
incentiva seus editores a encomendar, traduzir e publicar
outras obras sobre o assunto;
e paga aos livreiros por estocar e levar até você livros
para a sua informação e o seu entretenimento.
Cada real que você dá pela fotocópia não autorizada de um livro
financia o crime e ajuda a matar a produção intelectual de seu país.

# Os públicos justificam os meios
## Mídias customizadas e comunicação organizacional na economia da atenção

JOSÉ ANTONIO MARTINUZZO

summus editorial

*OS PÚBLICOS JUSTIFICAM OS MEIOS*
*Mídias customizadas e comunicação organizacional na economia da atenção*
Copyright © 2014 by José Antonio Martinuzzo
Direitos desta edição reservados por Summus Editorial

Editora executiva: **Soraia Bini Cury**
Editora assistente: **Michelle Neris**
Capa: **Alberto Mateus**
Produção editorial: **Crayon Editorial**
Impressão: **Sumago Gráfica Editorial**

**Summus Editorial**
Departamento editorial
Rua Itapicuru, 613 – 7º andar
05006-000 – São Paulo – SP
Fone: (11) 3872-3322
Fax: (11) 3872-7476
http://www.summus.com.br
e-mail: summus@summus.com.br

Atendimento ao consumidor
Summus Editorial
Fone: (11) 3865-9890

Vendas por atacado
Fone: (11) 3873-8638
Fax: (11) 3873-7085
e-mail: vendas@summus.com.br

Impresso no Brasil

# Sumário

INTRODUÇÃO . . . . . . . . . . . . . . . . . . . . . . . . . . . . . . . . . . . . 7

**1** A ECONOMIA DA ATENÇÃO NA SOCIEDADE MIDIATIZADA . . . . . . . . . . 17
Informação *versus* comunicação . . . . . . . . . . . . . . . . . . . . . . . . . . . . . . . . . . . 17
Economia da atenção . . . . . . . . . . . . . . . . . . . . . . . . . . . . . . . . . . . . . . . . . . 18
Sociedade midiatizada . . . . . . . . . . . . . . . . . . . . . . . . . . . . . . . . . . . . . . . . . 23
Comunicação em rede . . . . . . . . . . . . . . . . . . . . . . . . . . . . . . . . . . . . . . . . . 24

**2** COMUNICAÇÃO ORGANIZACIONAL
ESTRATÉGICA EM REDE (COER) . . . . . . . . . . . . . . . . . . . . . . . . . . . . . 29
"Ser é ser percebido e perceber" – midiaticamente! . . . . . . . . . . . . . . . . . . . . . . 30
Imagem . . . . . . . . . . . . . . . . . . . . . . . . . . . . . . . . . . . . . . . . . . . . . . . . . . . 33
Comunicando estrategicamente em rede . . . . . . . . . . . . . . . . . . . . . . . . . . . . . 36
Plano estratégico de comunicação organizacional . . . . . . . . . . . . . . . . . . . . . . . 39
Comunicação . . . . . . . . . . . . . . . . . . . . . . . . . . . . . . . . . . . . . . . . . . . . . 40

**3** MÍDIAS CUSTOMIZADAS . . . . . . . . . . . . . . . . . . . . . . . . . . . . . . . . . .45
Mídias e customização . . . . . . . . . . . . . . . . . . . . . . . . . . . . . . . . . . . . . . . . . 47
Endereço certo . . . . . . . . . . . . . . . . . . . . . . . . . . . . . . . . . . . . . . . . . . . . . . 50
Com quem falar . . . . . . . . . . . . . . . . . . . . . . . . . . . . . . . . . . . . . . . . . . . 51
Segmentação . . . . . . . . . . . . . . . . . . . . . . . . . . . . . . . . . . . . . . . . . . . . . 52
Pesquisas . . . . . . . . . . . . . . . . . . . . . . . . . . . . . . . . . . . . . . . . . . . . . . . 59
"Dieta" comunicacional . . . . . . . . . . . . . . . . . . . . . . . . . . . . . . . . . . . . . . 66
Conteúdo de interesse . . . . . . . . . . . . . . . . . . . . . . . . . . . . . . . . . . . . . . . . . 68
Tipos de narrativa . . . . . . . . . . . . . . . . . . . . . . . . . . . . . . . . . . . . . . . . . . 76
Jornalismo . . . . . . . . . . . . . . . . . . . . . . . . . . . . . . . . . . . . . . . . . . . . . 76
Publicidade . . . . . . . . . . . . . . . . . . . . . . . . . . . . . . . . . . . . . . . . . . . . 80
Publieditorial . . . . . . . . . . . . . . . . . . . . . . . . . . . . . . . . . . . . . . . . . . . 82
Entretenimento . . . . . . . . . . . . . . . . . . . . . . . . . . . . . . . . . . . . . . . . . 83
Infoentretenimento . . . . . . . . . . . . . . . . . . . . . . . . . . . . . . . . . . . . . . 85
*Advertainment* . . . . . . . . . . . . . . . . . . . . . . . . . . . . . . . . . . . . . . . . . . 86

Plataformas ............................................... 89
    Impresso........................................... 90
    Audiovisual.......................................... 92
    Digital multimídia ................................... 94
Pautas e abordagens........................................ 96
Produção ................................................. 98

## 4 PLANEJAMENTO ESTRATÉGICO DE MÍDIAS ORGANIZACIONAIS CUSTOMIZADAS ................... 103

Impressos................................................. 105
    Jornais organizacionais .................................. 105
    Informativos ........................................... 107
    *Newsletters* .......................................... 107
    Revistas customizadas................................... 107
    Livros ................................................ 111
    Publieditoriais ......................................... 116
    Jogos ................................................ 116
    História em quadrinhos (HQ) ............................. 119
Audiovisuais .............................................. 121
    Conteúdo de TV........................................ 122
    Conteúdo de rádio ..................................... 123
Digital multimídia .......................................... 125
    Portais/sites........................................... 128
    Blogues............................................... 128
    E-mail marketing ...................................... 130
    *E-newsletters/e-zines*.................................. 130
    *Videocasts*........................................... 131
    *Podcasts* ............................................ 132
    Fotografia ............................................ 133
    *House organs* internos e externos ....................... 133
    Revista digital ......................................... 133
    *E-books*.............................................. 134
    *Games* .............................................. 134
    *Newsgames*........................................... 137
    *Advergames* .......................................... 138
    Mundos virtuais........................................ 139
    Redes sociais ......................................... 141
Plano de mídias *tailor-made* na Coer .......................... 144

**REFERÊNCIAS BIBLIOGRÁFICAS** ............................... 147

# Introdução

COMUNICAR ESTÁ SE TORNANDO um desafio cada vez mais complexo – ou, simplesmente, mais difícil! A afirmativa acima pode parecer anacrônica, afinal, nunca na história da humanidade estivemos tão bem servidos de meios de comunicação. Também de forma inédita, estamos absolutamente dispostos a emitir opiniões e a fixar conexões, fazer contatos para além dos limites geográficos. No entanto, vale repetir: o desafio de se comunicar tornou-se ainda maior nestes tempos de sociedade da informação[1].

Comecemos a explicar, pois, o que pode parecer um paradoxo, mas não é. Em todo processo comunicativo, atenção é uma palavra-chave. Sem que as partes envolvidas estejam conectadas por meio de atenção mútua, não se chega ao objetivo final de produção de sentido a partir do intercâmbio de informações, o que caracteriza a comunicação em essência.

Ou seja, a grande meta da comunicação é conquistar a atenção para que se estabeleça efetivamente um diálogo. Ocorre que,

---

1. No contexto deste livro, adota-se a formulação de Burke (2003), para quem a "sociedade da informação" é um dos muitos batismos da era que se vive atualmente, também denominada, por sociólogos, economistas, cientistas políticos e filósofos, entre outros, de "sociedade do conhecimento", "sociedade da informação", "economia do conhecimento", "economia da informação", revelando a extremada mercantilização da informação e sua centralidade para a conformação societária na contemporaneidade, dando-se cumprimento, a partir de renovado instrumental tecnológico, à tradição do capitalismo, historicamente, um modo de produção baseado na geração e no fluxo de informações.

numa realidade de vertigem informacional, como a dos dias atuais, capturar e manter a atenção de potenciais interlocutores se transformou numa verdadeira corrida de obstáculos, se não um desafio gigantesco.

Como a atenção humana é um recurso limitado e escasso, pode-se dizer que ela está imersa numa economia específica, entendendo-se por economia um modo de distribuição, acesso, uso e apropriação de bens ou recursos finitos.

Sem atenção, não há comunicação, não há diálogo que produza sentido para todos os participantes de um papo/conversa, pois, como bem ressalta Wolton (2010, p. 11), simplesmente "informar não é comunicar", assim como informação não significa comunicação.

Mas como vencer esse desafio tão atual, no âmbito do que se pode denominar de "economia da atenção"? Desafio que se torna ainda mais central na medida em que a comunicação é fundamental na sociedade midiatizada, que se comunica em redes de mídias.

Comunicação que é fundamental à formação e à gestão da imagem de organizações (públicas, privadas e não governamentais) e personalidades que vivem em busca de diálogos e interfaces que garantam consumo, votos, prestígio ou apoios dos mais diversos tipos.

No âmbito da Comunicação Organizacional Estratégica em Rede – Coer (Martinuzzo, 2013a), esta publicação é dedicada a apresentar uma alternativa ao enfrentamento desse desafio: a constituição de mídias organizacionais customizadas.

As mídias de comunicação massiva mantêm o seu espaço, até porque, como veremos ao longo deste livro, vivemos numa contingência de comunicação em rede, em que os usuários e os conteúdos circulam por um circuito midiático amplo.

No entanto, as mídias de massa, com inserção cada vez mais disputada em seus conteúdos genéricos e "diluição" de suas mensagens no imenso oceano informacional que tanta pressão causa à formação do déficit de atenção na atualidade, têm efeito limitado no enfrentamento da crise de atenção.

Enfim, mesmo considerando o lugar da comunicação genérica – e também por saber dos seus limites hoje –, está na hora de investir em comunicação *tailor-made* como estratégia para conquistar uma interface dialógica com os públicos-alvo no processo de gestão de imagem organizacional. Uma ponte midiatizada customizada é vital.

Mas, antes de seguir, uma necessária definição conceitual acerca do que seja uma organização. Em linhas gerais, uma organização é um agrupamento voluntário de pessoas que se aplicam (trabalham, investem, mobilizam-se etc.) à conquista de objetivos que lhes são comuns.

Entre essas metas compartilhadas organizacionalmente, estão, por exemplo, a prestação de serviços, a produção de artefatos diversos, a propagação de ideologias e a defesa de causas.

Vale dizer que as organizações, apesar de se estruturarem em torno de objetivos próprios/particulares, não existem como um fim em si mesmas. Elas sempre se relacionam com outras organizações que lhe são exteriores, compondo o macrotecido social que faz movimentar a História.

Um conjunto de organizações (privadas, públicas e não governamentais) se articula para dar certa feição à vida em coletividade. É a partir de suas dinâmicas internas e externas que o dia a dia se faz, orientado por determinado projeto de civilização, composto por nortes socioeconômicos e político-culturais.

Estabelecido o conceito de organização, voltemos à questão da comunicação. Os processos comunicacionais estão intrinsecamente ligados à formação, manutenção e evolução de uma organização. Isso porque não há como mobilizar, agregar e manter pessoas articuladas em torno de um objetivo comum sem intensivas trocas comunicacionais.

Do ponto de vista das interfaces exteriores, às quais as organizações se obrigam por fazerem parte de uma ambiência ampliada de relações as mais diversas, a comunicação também é inescapável.

Enfim, interna ou externamente, para vender produtos/serviços ou propagar ideias, para ficar só com alguns objetivos organizacionais dos mais comuns, a comunicação é uma imposição. E o recomendável é que, apesar de ser involuntária ou impositiva, a comunicação não seja amadora. Nessa direção, o conceito de comunicação organizacional estratégica em rede é uma proposta de abordagem articulada e profissional dessa crucial função organizacional que é a comunicação.

Conforme salientamos, a partir dos parâmetros da Coer, e tendo em vista a questão da "economia da atenção" na qual estamos imersos, de forma precursora este livro trata de uma vertente específica de ação para gerenciamento eficiente de imagem no oceano de informações que nos engolfa: as mídias organizacionais customizadas.

Trata-se de um recurso poderoso, em consonância com outras ações comunicacionais, para conquistar e manter a atenção nessa época de disputa acirrada por mentes e corações.

No percurso de planejamento, execução e avaliação de mídias *tailor-made*, ou seja, na constituição das mídias customizadas, estabelecemos dois ingredientes estratégicos e fundamentais, por nós denominados "endereço certo" e "conteúdo de interesse".

Por *endereço certo*, entende-se saber com quem se está falando ou com quem se deseja firmar uma interlocução, definindo-se claramente o público-alvo da organização ou da personalidade para a qual se estabelece a estratégia de comunicação.

Por *conteúdo de interesse*, entende-se conteúdo sob medida, especializado ou customizado, conectado ao universo do público-alvo, constituindo-se uma interface entre os temas organizacionais e a pauta da vida cotidiana daqueles de quem se deseja obter atenção.

Prestando-se atenção nesses dois condicionantes, reafirma-se que o desafio da produção dessas mídias deve ser entendido e superado no âmbito da "comunicação organizacional estratégica em rede". Caso contrário, serão inócuos ou mesmo prejudiciais.

OS PÚBLICOS JUSTIFICAM OS MEIOS

Outro ponto decisivo: para que esse desafio seja vencido de forma eficaz, ele deve ser entendido em seu contexto maior, ou seja, deve ser localizado no macroambiente em que estamos imersos.

Assim, com o intuito de oferecer os fundamentos para conhecimento, decisão, produção e gerenciamento estratégico em rede de mídias customizadas, tendo em vista ganhos de imagem e aproximação de clientes (organizações, personalidades etc.) com seus públicos-alvo, este livro se estrutura em quatro capítulos.

Antes de seguir explicando a formatação desta publicação, gostaria de registrar meus agradecimentos ao jornalista e professor Roberto Teixeira, pelo diálogo durante a realização deste livro.

Ressalto, ainda, que este conteúdo resulta de inúmeras leituras e da reflexão e aprendizado de mais de duas décadas de atuação em comunicação organizacional, incluindo dez anos de docência e pesquisa na área, bem como a graduação e a pós-graduação.

Retomando a estruturação do livro, no primeiro capítulo, apresenta-se o cenário que demanda a comunicação customizada. Discute-se a "economia da atenção" na sociedade midiatizada. Trata-se da contingência de disputa por visibilidade e olhares que é decisiva a quem deseja ter relevância socioeconômica e político-cultural nos dias de hoje.

Considerando que a comunicação customizada deve compor uma política mais ampla de gestão de imagem, no segundo capítulo é apresentado o conceito de comunicação organizacional estratégica em rede.

Nos terceiro e quarto capítulos, apresentam-se os fundamentos da comunicação customizada, com seus desafios, condicionantes principais e mídias/canais mais difundidos. Um verdadeiro guia de elaboração de veículos organizacionais feitos sob medida para a interface entre as organizações e seus públicos-chave.

Importante dizer, no entanto, que, seguindo a lógica que recomenda, este livro pode ser lido, customizadamente, segundo a preferência do leitor: os capítulos podem ser combinados da forma que mais ajudar na compreensão – e na consequente elaboração de ações – acerca do tema das mídias organizacionais customizadas. Se o leitor quiser ir direto ao ponto, deve começar pelos Capítulos 3 e 4. Caso queira saber um pouco mais sobre o contexto organizacional dessa modalidade de trabalho, sugerimos que inicie a leitura pelo segundo capítulo.

Também com informações úteis para um agir estratégico, o primeiro capítulo oferece uma visão macro do amplo ambiente comunicacional em que as organizações estão insertas, explicitando as razões que demandam a comunicação customizada na atualidade.

Enfim, as combinações podem variar de acordo com as necessidades e interesses do leitor. A estruturação que apresentamos é apenas uma sugestão de leitura, que parte do geral e chega ao particular – a forma mais usual e consagrada de acessar ou construir um raciocínio/pensamento mais complexo.

Três importantes apontamentos devem ser feitos nesta Introdução. Um primeiro diz respeito aos destinatários e usos preferenciais deste livro. Podendo ser utilizado em processos de aprendizagem na graduação e na pós-graduação, esta publicação destina-se também aos profissionais que estão no mercado de trabalho sendo desafiados no processo de comunicação num tempo de abundância de informação, o que torna a comunicação bem mais complexa do que em tempos pregressos, como se verá logo de início.

Quanto aos usos, é preciso estabelecer que as ideias e estratégias aqui reunidas servem ao trabalho desenvolvido com organizações públicas, privadas e não governamentais e ainda a personalidades dos vários campos sociais, como cultura, política, economia, *show business* etc.

Importa dizer ainda que, para além do senso comum que cerca a gestão de imagem, as formulações aqui apresentadas podem ser utilizadas em movimentos de contestação do *status quo*, uma vez que, como bem sinaliza Castells (2009), toda disputa de hegemonias ou de poder se dá no campo da comunicação.

A segunda observação diz respeito a um necessário ajuste de leitura de citações literais apresentadas neste livro. Quando se fala de "clientes", "consumidores" e assemelhados, recomenda-se que o leitor busque percebê-los como "públicos-alvo".

Isso porque são raras, para não dizer inexistentes, as publicações que tratam de mídias customizadas no amplo contexto da comunicação organizacional (institucional e mercadológica). As poucas que existem, na maioria estrangeiras, são dirigidas especialmente a estratégias de marketing e à publicidade, daí a referência recorrente a "clientes" e "consumidores".

Como este livro também se dedica a refletir sobre comunicação institucional (trabalho em torno de difusão de posicionamentos, com vistas à conquista de uma imagem organizacional positiva), é preciso, com os devidos ajustes interpretativos, fazer uma leitura mais amplificada de citações literais desses termos.

Pelo seu valor intrínseco e por sua potencialidade para explicar fenômenos e questões que extrapolam o campo estrito do consumo/mercado, tais raciocínios tiveram sua forma preservada. Por isso, pede-se ao leitor esse pequeno esforço, que pode ser de bom proveito para a compreensão de todas as atividades do campo da comunicação organizacional quando o assunto é mídia customizada.

Resta dizer que não há *cases* neste livro. Além de datar por demais os raciocínios, para não dizer todo o texto, tal metodologia, subliminarmente, desestimula ou limita a capacidade de imaginação ou de busca por parte do leitor de exemplos que ilustrem as discussões apresentadas.

Aliás, o gesto de pesquisa é das iniciativas mais simples, rápidas e corriqueiras em tempos de internet e seus buscadores. Também se pode dizer que, na cultura da participação e da interatividade, todos os interlocutores querem fazer parte do processo de produção de sentido numa "conversa".

Assim, fica a sugestão a quem queira fazer a sua parte, caso ache necessário ilustrar este texto com exemplos. A partir do referencial teórico e prático essencial acerca das mídias customizadas aqui apresentado, o leitor, com suas buscas preferenciais, constituirá, de igual forma à recomendada por este livro, um conteúdo que lhe seja customizado.

Ressalte-se, ainda, que os exemplos que se podem buscar no colossal painel da internet têm a potencial vantagem da atualização do tempo real, em contraposição à fixidez daqueles impressos nas páginas de um livro – um tipo de publicação que, em nosso tempo, deve dar lugar aos saberes e reflexões de longa duração, que sobrevivem aos cliques diuturnos da atualização digital.

De toda sorte, se os exemplos ou *cases*, para aqueles que os requeiram, ficam por conta da iniciativa ou imaginação pessoal do leitor, por conta deste autor ficam a responsabilidade e a tarefa de apresentar reflexões, raciocínios e referenciais conceituais acerca da problemática da comunicação organizacional nos dias de hoje, especialmente no que tange à comunicação customizada.

Nesse sentido, apesar de não pretender ser exaustivo nas citações teóricas, este livro sempre oferecerá ao leitor um conjunto de pensamentos de autores consagrados que poderão ajudar na compreensão da atualidade – alguns disponíveis apenas em literatura estrangeira.

Além disso, tais referenciais poderão ser fontes para leituras mais aprofundadas, capacitando o leitor a uma ação sempre mais estratégica e lúcida. Sem dizer que ainda funcionam como um convite à navegação autônoma em busca de exemplos da realidade aqui comentada e estudada.

Isso porque, antes de tudo, este livro quer ser uma inspiração àqueles que se dedicam à árdua tarefa de conquistar e manter a atenção em tempos de comunicação cada vez mais abundante e, por isso, desafiante.

O que se vive atualmente é uma verdadeira guerra cotidiana pela atenção. E, nessa labuta, parodiando um dos principais axiomas de Maquiavel – os fins justificam os meios –, afirmamos que os públicos justificam os meios.

A partir de um impositivo e denso conhecimento sobre os interlocutores-alvo, o fim ou o que se busca atingir por parte de quem faz comunicação organizacional, devem ser definidos os meios, ou as mídias, com os quais se vai estabelecer, com endereço certo e conteúdo de interesse, um diálogo eficaz e duradouro, baseado na atenção mútua.

Resta salientar que o objetivo aqui não é oferecer um caderno de receitas *prêt-à-porter*, mas um mapeamento lógico, com fundamentos teóricos e ferramental de trabalho, visando a uma ação norteada, antes de tudo, pela capacidade de refletir e decidir do leitor, conforme suas necessidades práticas.

Enfim, seguindo a lógica que recomenda – a da customização –, este autor almeja que cada um faça uso customizado, segundo a sua necessidade, do que aqui se apresenta, tanto do ponto de vista teórico como do prático.

Assim, bom estudo, boa prática!

# 1
# A economia da atenção na sociedade midiatizada

NESTE CAPÍTULO, DISCUTE-SE O porquê de se trabalhar com mídias customizadas no processo de comunicação organizacional. Inicialmente, para entender o desafio desta e de outras formas de comunicação – processo que está ficando cada vez mais complexo –, é preciso compreender claramente o que é comunicação e quais são as suas implicações para a vida na atualidade.

## INFORMAÇÃO *VERSUS* COMUNICAÇÃO

Segundo Castells (2009), a comunicação é a troca de informação para compartilhamento/produção de sentido, num processo determinado, entre outros fatores, pela tecnologia, características de emissores e receptores, seus códigos culturais de referência e protocolos de comunicação, além do escopo do processo de comunicação, em determinado contexto de relações sociais.

Assim, comunicação é, por sua estruturação, um processo de múltiplas condicionantes e, considerando a atualidade hipermidiática e colaborativa, crescentemente desafiador.

Wolton (2010) afirma que o grande desafio contemporâneo é justamente o de comunicar, destacando que "informar não é comunicar". Em meio a uma realidade de inflação informacional, o autor observa que, "se não existe comunicação sem informação, a comunicação é sempre mais difícil, pois impõe a questão da relação, ou seja, a questão do outro" (*ibidem*, p. 11).

Dessa forma, o pesquisador afirma que, na atualidade, "o verdadeiro desafio está na comunicação e não informação". "A informação é a mensagem. A comunicação é a relação, que é muito mais complexa" (*ibidem*, p. 12). Nesse processo, Wolton salienta que o "resultado é sempre incerto, visto que o emissor raramente está em sintonia com o receptor e vice-versa" (*ibidem*, p. 11).

Em linhas gerais, Wolton fala que o desinteresse pelo outro, movido pelo individualismo e pelo fechamento das pessoas em seus círculos de interesse, geralmente virtuais, acaba dificultando o processo de comunicação em todos os âmbitos da existência contemporânea.

## ECONOMIA DA ATENÇÃO

Tendo em vista que o problema-chave da comunicação, nestes tempos de múltiplos e intermináveis estímulos dos mais variados matizes e origens, é efetivamente o de chamar e prender a atenção, estabelecendo-se o que Wolton chama de sintonia entre interlocutores com algo em comum, avancemos, pois, com uma análise sobre o tema.

Houaiss e Villar (2009, p. 212) definem atenção, entre outros, como "concentração da atividade mental sobre um objeto determinado". De modo aproximado à definição dicionarizada, Davenport e Beck (2001) conceituam atenção como o engajamento mental focado em um item específico de informação, podendo a informação ser uma notícia, uma imagem, um som ou um produto, por exemplo.

Esses autores definem seis tipos de atenção, reunidos em três pares de opostos: aversão/atração, obrigatória/voluntária, direta/indireta. Isto é, o indivíduo foca mentalmente em algo por detestar ou amar alguma coisa, o faz sob coerção ou espontaneamente e, em graus diferenciados, de acordo com o interesse principal de cada momento.

Adler e Firestone (2002, p. 56) reportam três tipos de "relações de atenção": o "nível do escambo", em que a "atenção é recíproca quase constantemente"; "ilusão da atenção", em que um "astro ou estrela parece dar toda atenção a cada membro do público" e "efeito do público", na qual "para cada espectador, o astro ou estrela parece retribuir a atenção dada por todo o público".

Mas qual é a grande importância dessa condição mental de foco em um elemento significante específico? Para Davenport e Beck, a atenção configura-se como um pré-requisito para a decisão acerca de determinada ação, como comprar ou votar. Ou seja, a atenção faz a conexão entre a consciência sobre algo ou algum processo e a decisão de fazer ou não alguma coisa a ele relacionado.

De acordo com uma conhecida formulação de estratégia comunicacional, especialmente a publicitária, a atenção se configura como a primeira e crucial etapa do processo de estímulo ao consumo ou a uma ação direcionada/desejada definido como AIDA – Atenção, Interesse, Desejo e Ação.

Além de ser o ponto de partida de qualquer ação consequente ou racional, a atenção merece destaque pelo fato de que, em ambiente de comunicação cada vez mais abundante, ela, que já é limitada, torna-se cada vez mais disputada – e, por isso, escassa.

Em outras palavras, a atenção é a alma do negócio. Ainda mais quando ela, que é finita em razão dos limites de nossa capacidade cognitiva, torna-se rara de tão disputada que é na atualidade.

É nessa direção que Davenport e Beck apontam a configuração de uma verdadeira "economia da atenção". Esses estudiosos percebem a atenção dos indivíduos ou de grupos específicos como um elemento finito que, portanto, deve ser visto dentro de uma economia própria.

Os autores afirmam que, por sua escassez, tendo em vista que é limitada, a atenção, num ambiente de ampla concorrência/disputa em todos os setores da vida socioeconômica e político-cultural, tornou-se uma *commodity*, ou moeda, das mais disputadas.

"Quem não tem, quer tê-la. Aqueles que já têm, querem ainda mais" (2002, p. 3), destacam os autores. Enfim, quanto mais se disputa algo que tem estoque limitado, mais esse "produto" se torna valioso – temos aí a tal "economia da atenção". Em linhas gerais, trata-se da aplicação da lei da oferta e da demanda, essencial na teoria econômica: à medida que a quantidade de informação disponível cresce, aumenta a demanda por atenção, insumo indispensável ao consumo das mensagens informacionais.

Davenport e Beck reportam uma das primeiras e mais consistentes avaliações sobre a economia da atenção, feita nos anos 1970 por Herbert Simon: "O que a informação consome é bastante óbvio: consome a atenção de seus destinatários. Assim, uma riqueza de informação cria uma pobreza de atenção" (*ibidem*, p. 11).

Nessa linha, há estudiosos que afirmam existir uma verdadeira crise de atenção, afetando, principalmente, organizações e personalidades que não sobrevivem sem a atenção alheia. Por consequência, a crise da atenção é um problema de quem faz comunicação organizacional, de quem gerencia imagem institucional.

Davenport e Beck afirmam que, na economia da atenção, isto é, no mercado da disputa por um produto escasso e valioso, um dos problemas mais importantes das organizações é conquistar e manter o "olhar" de consumidores, acionistas, potenciais empregados, entre outros.

Mas por que o tema da atenção nunca esteve tão desafiante como nos dias de hoje? Além das inúmeras possibilidades de escolha e compra na sociedade do consumo, na cultura do consumismo[2],

---

**2.** De acordo com Bauman (2008, p. 27), chegamos à economia consumista, em que até as próprias pessoas são transformadas em mercadorias, numa realidade de promessa de felicidade aqui e agora de um capitalismo que a tudo pode oferecer respostas: "Entrar na web para escolher/comprar um parceiro segue a mesma tendência mais ampla das compras pela internet". "Para oferecer novos mecanismos de motivação, orientação e monitoramento da conduta humana", se baseia no excesso, no desperdício, no descartar, na remoção, no substituir, numa lógica ajustada à capacidade do capital de produzir novidades sem parar. "A maior atração de uma vida de compras é a oferta abundante de novos começos e ressurreições" (*ibidem*, p. 66).

vive-se uma realidade de hipercomunicação. Há estímulos em excesso numa contingência de estoques limitados de "resposta" por indivíduos ou coletividades.

"As gerações anteriores de cidadãos não tiveram um problema de atenção, pelo menos não comparado com o nosso" (*ibidem*, p. 4), afirmam Davenport e Beck, salientando um tipo específico de sociabilidade movida a trocas comunicacionais, turbinado principalmente pela internet.

Adler e Firestone (2002, p. 18) destacam "que não só a nossa capacidade de produzir informações aumentou prodigiosamente, como também nossa capacidade de distribuí-las está se expandindo muito depressa".

Nesse "ambiente que está saturado de mensagens, todas competindo por nossa atenção" (*ibidem*, p. 10), os autores ressaltam um fato peculiar com relação às mídias participativas da web, que conferem ao indivíduo maior poder de escolha, tornando ainda mais complexa a economia da atenção na atualidade.

"Os indivíduos passam a ter capacidade de procurar informações que lhes interessem e a filtrar aquelas que não querem ver ou ouvir" (*idem*), assinalam Adler e Firestone.

Agregue-se a esse fato a inovadora capacidade oferecida aos indivíduos, a partir da instituição e expansão da Web 2.0 e suas possibilidades participativas e colaborativas, para gerar e publicizar conteúdos próprios, e se terá uma realidade ainda mais complexa a administrar.

Enfim, o grande desafio da atualidade relaciona-se a como estabelecer, gerenciar e consolidar uma interface comunicativa efetiva entre organizações e personalidades diversas com seus públicos de interesse.

Nesse sentido, considerando que o volume de informações pode manter-se em crescimento, Adler e Firestone (*ibidem*, p. 19) registram que "a quantidade de atenção humana é limitada. Obviamente, ninguém pode absorver todas as informações que nos cercam, nem mesmo uma pequena fração disso tudo".

Neste livro, aponta-se a customização da comunicação como uma resposta eficaz à crise ou escassez de atenção. Esse tema será tratado especificamente nos Capítulos 3 e 4, mas, por ora, adiantam-se algumas ações importantes nessa direção, de acordo com os estudiosos da economia da atenção arrolados aqui.

Davenport e Beck oferecem uma lista de procedimentos para mitigar a crise de atenção. Basicamente, esses autores colocam como fundamentos da conquista e manutenção da atenção algumas ações determinantes no processo de interfaces organizacionais com seus públicos: promover comunicação dinâmica e passível de personalização/customização; contar histórias cativantes de personagens reais; promover a interação e a participação dos públicos na comunicação dialógica e multimídia; promover objetivos e valores caros à sociedade; e deixar sempre um "gostinho de quero mais" acerca de suas mensagens organizacionais; entre outros.

Mesmo que tratem especificamente de publicidade, mas com observações que têm validade para todo o campo da comunicação organizacional, Adler e Firestone também apontam para o impositivo caminho de uma interlocução feita sob medida.

Para esses estudiosos, o desafio é constituir uma comunicação que não se baseie "tanto nas mensagens que os anunciantes querem transmitir, mas sim na união destas com as informações que os consumidores desejam" (*ibidem*, p. 10).

Deixadas as pistas do que virá em detalhes nos Capítulos 3 e 4, e como esta seção trata de fazer uma reflexão mais aprofundada acerca dos fundamentos da vida atual, permitindo um olhar e um agir mais estratégicos por parte do especialista em comunicação organizacional, a seguir apresentam-se dois conceitos importantes sobre o lugar da comunicação na contemporaneidade.

Conforme bem salientam Davenport e Beck, as atuais condições comunicacionais, revolucionadas pela internet, estão no centro da complexificação do processo de conquista e manutenção da atenção. Estudemos, pois, um pouco mais sobre essa realidade.

## SOCIEDADE MIDIATIZADA

Esse paradigma apontado por Davenport e Beck é denominado como "sociedade midiatizada" por Sodré (1996, p. 27), para quem, na atualidade, "a mídia se torna progressivamente o lugar por excelência da produção social de sentido, modificando a ontologia tradicional dos fatos sociais".

Com as práticas socioeconômicas e político-culturais articulando-se ao universo midiático, seja por meio da difusão de conteúdos, seja por intermédio da conexão de múltiplas plataformas, Sodré afirma que a sociedade atual "rege-se pela midiatização, pela tendência à 'virtualização' ou telerrealização das relações humanas" (2002, p. 21).

Nessa realidade, o ambiente midiático se torna o lugar privilegiado da existência. De acordo com Mininni (2008, p. 78), as subjetividades e as suas relações "são forjadas pela mídia". O pesquisador explica que "a maior parte dos conhecimentos acerca do mundo", envolvendo padrões, valores e estilos de vida, "chega à mente do homem não pela experiência direta do mundo físico e das relações com o outro, mas cada vez mais pela *mediação* da comunicação social".

E o autor vai além (*ibidem*, p. 80): "Mais que ser registrável como uma série de efeitos previsíveis, a influência da mídia nas pessoas é exercida como *orientação de processos de atribuição de sentido*", numa ação "modeladora da mente", dando pistas de como perceber, o que perceber e como agir.

A capacidade de se inserir efetivamente no circuito comunicacional, com potencialidade e capacidade para chamar a atenção e, com isso, interferir na constituição não só da opinião, mas também do comportamento contemporâneo, é decisiva para as organizações atuais.

A comunicação organizacional estratégica em rede (Coer) oferece um mapa de navegação e instrumentos capazes de garantir a presença e a ação nesse universo comunicacional, sendo as mídias customizadas uma das ferramentas mais eficazes.

Mas, para se inserir e atuar nesse contexto midiático em busca de notoriedade e atenção, utilizando-se da Coer e das mídias customizadas – temas fundamentais deste livro, que serão desenvolvidos nos dois próximos capítulos –, é preciso, entre outros, saber como ele se organiza.

Nesse sentido, a seguir, tem-se uma explicação coerente e lúcida, que oferece boas indicações de conduta estratégica a gestores de comunicação organizacional.

## COMUNICAÇÃO EM REDE

Em virtude da renovação do paradigma capitalista, que, a partir das últimas décadas do século XX, passou a se dinamizar em torno das novas tecnologias de comunicação e informação (computação, telecomunicações e microeletrônica), de acordo com Castells (2001) a atualidade experimenta uma nova forma de organização socioeconômica e político-cultural, denominada "sociedade em rede".

Segundo Castells (2003, p. 7), "uma rede é um conjunto de nós interconectados" e, apesar de serem "uma prática muito antiga da humanidade", as redes "ganharam vida nova em nosso tempo, transformando-se em redes de informação energizadas pela internet".

Para o pesquisador, as funções e os processos da experiência humana "estão cada vez mais organizados em torno de redes". "Redes constituem a nova morfologia social de nossas sociedades, e a difusão da lógica de redes modifica de forma substancial a operação e os resultados dos processos produtivos e de experiência", afirma Castells (2001, p. 497).

Nessa "sociedade em rede", é de se perguntar como se estabelecem os processos comunicacionais, tendo em vista a instituição de novas tecnologias e novos protocolos de comunicação que, em maior ou menor grau, alcançam a todos ao redor do planeta.

OS PÚBLICOS JUSTIFICAM OS MEIOS

De acordo com Cardoso (2010), ultrapassamos o modelo de comunicação em massa e passamos a nos comunicar em rede, constituindo uma dieta peculiar de mídias, conforme com os nossos interesses e nossas relações.

Nesse novo sistema de comunicação, segundo o autor, não é a convergência tecnológica, aquela que prega ou prevê a síntese em uma única plataforma técnica de todas as possibilidades de interfaces comunicacionais, que dá o tom, mas a "articulação em rede" – redes de mídias e de usos preferenciais.

Segundo Cardoso (2007), esse sistema de mídia se articula em torno de duas redes principais, a TV e a internet, por questões de valorização social e potencialidade interativa. Seguindo a lógica das redes, essas duas estabelecem "nós com diferentes tecnologias de comunicação e informação como o telefone, o rádio, a imprensa escrita etc." (*ibidem*, p. 17).

Para o pesquisador, "como seres sociais, não usamos apenas uma única mídia como fonte de comunicação, informação, ação e entretenimento, mas as combinamos, usamo-las em rede" (2010, p. 29).

A partir "das características de interdependência, ambivalência e síntese no universo da mídia (da dimensão cultural à econômica)", Cardoso afirma que se formou um sistema de mídia em rede, "fundamentado na convivência entre mídias de difusão (rádio, TV e jornais) e metamídia, isto é, a mídia que, como a internet, e até certo ponto o celular, combina a comunicação interpessoal com a comunicação em massa" (2007, p. 133).

Salientando a possibilidade de juntar a "comunicação face a face a novas fontes e destinos", o autor afirma que "criamos igualmente novas redes interligando diferentes mídias, conferindo à sociedade em rede também a característica de vivermos mais do que nunca por e com a mídia" (*ibidem*, p. 33).

Um dos exemplos factuais dessa comunicação em rede é o que se chama de segunda tela (*smartphones*, *tablets*, *notebooks*), utilizada enquanto se assiste à TV. De acordo com dados do Ibope, em 2013, 43% dos internautas assistiam à televisão enquanto navegavam.

Segundo informações do Google, nos Estados Unidos, esse índice chegava a 77%[3].

Essa segunda tela é a janela que permite aos internautas-telespectadores obter informações complementares acerca da programação da telona, interagir com outros espectadores por meio de aplicativos próprios das emissoras, que inclusive viabilizam oferta/venda de produtos customizados, ou ainda por intermédio de redes sociais da web.

O monitoramento dessas participações dos telespectadores no ciberespaço é um investimento prioritário por parte das emissoras e dos institutos de pesquisa. Por seu intermédio, obtêm-se informações cruciais para planejamento de marketing quanto à gestão de conteúdo, publicidade e venda de produtos, entre outros.

Mas toda essa superestrutura midiatizada em rede oferece alguns desafios às organizações da atualidade. Um dos mais importantes é o de promover efetiva comunicação com seus públicos de interesse, que estão imersos numa realidade de inflação informacional e múltiplos impulsos. O desafio é a atenção!

Quando se fala em gestão de imagem, a inserção nesse universo midiatizado, dinamizado por mídias on e off-line, é decisiva, pois é lá que ocorrem as trocas simbólicas (valores, opiniões etc.) que sustentam a visão de mundo da maioria, conforme já salientamos.

É importantíssimo salientar que não se imagina a existência de um receptor inerte, consumindo conteúdos passivamente. Isso nunca existiu e jamais teria espaço numa realidade de comunicação colaborativa, que requer não apenas iniciativa, mas também participação dos utilizadores na produção de conteúdos.

Assim, é de esperar que a mensagem seja modificada, transformada ou até mesmo subvertida de seu contexto inicial. Mas não se pode esquecer que, mesmo considerando o pior dos riscos, ficar de fora dessa atmosfera comunicacional é tornar-se invisível.

---

**3.** Cf. <http://www1.folha.uol.com.br/tec/2013/04/1265765-assistir-a-tv-com-smartphones-e-tablets-na-mao-aproxima-telespectador.shtml>. Acesso em: 3 jun. 2014.

OS PÚBLICOS JUSTIFICAM OS MEIOS

Num mundo que vive de consumir produtos simbólicos midiatizados, para chamar a atenção – ou, antes, ser potencial alvo de atenção –, é preciso estar disponível como conteúdo midiático acessível na rede comunicacional que orienta e ambienta a maioria nesta sociedade midiatizada.

Enfim, como fica bem claro, não se faz comunicação organizacional eficaz sem a atenção dos públicos-chave e não se obtém nem se mantém a atenção desses públicos sem boas estratégias comunicacionais, considerando a dieta comunicacional em rede, prevalecente na atualidade.

Mas como estabelecer a sintonia, ou um vínculo de atenção, entre as organizações e seus públicos-alvo? Mais: qual seria uma maneira eficaz de falar com os destinatários de interesse organizacional?

Entre as estratégias possíveis, e em função dos desafios da economia da atenção e da comunicação em rede, este livro destaca as mídias customizadas como uma alternativa que se impõe a quem deseja sucesso na gestão de imagem.

Afinal, destacar-se aos públicos-alvo num oceano de informações (textos, sons, imagens, produtos, personagens) requer uma interface que mobilize razões e emoções, produzindo e compartilhando significados de interesse mútuo.

Nesse sentido, quando se fala em comunicação organizacional, não basta informar – pois informação não é comunicação, conforme já visto. É preciso saber com quem se fala ou se deseja falar e compartilhar conteúdos de interesse, constituindo-se um *link* efetivo entre as partes envolvidas. É preciso captar, preservar e ampliar a atenção.

Diante dos desafios impostos pelas marcas da contemporaneidade, uma das mais importantes armas na conquista e manutenção de mentes e corações são as mídias customizadas, produzidas sob medida, com conteúdo específico e público bem definido, no âmbito de uma política de comunicação organizacional estratégica em rede, que é assunto do próximo capítulo.

# 2
# Comunicação organizacional estratégica em rede (Coer)

CONFORME VISTO ATÉ AQUI, os processos de comunicação demandam invariavelmente a atenção dos envolvidos. E, na atualidade, atenção é coisa muito disputada.

Isso acontece porque, com a disponibilidade incomensurável de conteúdo, a limitada capacidade de atenção de cada um se torna alvo de uma verdadeira guerra. Na abundância da informação, impera a escassez de atenção.

Os gestores de comunicação têm de estar conscientes dessa "economia da atenção", considerando a alta demanda de um "bem" limitado, para traçar estratégias eficientes com vistas a produzir conexão ou sintonia entre as organizações e seus públicos-chave.

No âmbito da comunicação organizacional estratégica em rede, as mídias customizadas, por terem o condão de levar conteúdo de interesse diretamente a um público-alvo bem estabelecido, são uma resposta a esse desafio.

Porém, antes de chegar à discussão específica das mídias customizadas, este capítulo trata do objetivo desses canais de comunicação feitos sob medida, qual seja, a promoção de uma imagem positiva de organizações e personalidades em geral, adotando uma ação profissionalizada, técnica e planejada.

Desse modo, neste capítulo, discute-se o que é imagem e seus processos de formação na vida atual, e apresentam-se modelos de "comunicação organizacional estratégica em rede" e de plano estratégico de comunicação para localizar e orientar o uso das mídias feitas sob medida.

Com esses três elementos, temos os fundamentos para pensar, elaborar, publicar/distribuir as mídias customizadas, tema dos terceiro e quarto capítulos, especialmente dedicados a elas.

## "SER É SER PERCEBIDO E PERCEBER" – MIDIATICAMENTE!

O filósofo irlandês George Berkeley (1685-1753) construiu uma obra baseada, entre outros, por um fundamento bastante claro: uma coisa só existe na medida em que ela percebe ou é percebida. Ou seja, ser é perceber e ser percebido (Buckingham *et al.*, 2011).

A centralidade dos sentidos para a experiência de realidade foi pautada há milênios, tendo Platão (c. 427 – 347 a.C.) como um dos precursores dessa reflexão, permanecendo atualíssima num tempo de experiências comunicacionais multimidiáticas participativas e imersivas.

Dessa forma, vale perguntar: o que significaria essa sentença filosófica na sociedade midiatizada? Resposta direta: existir na contemporaneidade equivale a perceber e ser percebido na rede midiática que constitui a base de nossa percepção de realidade e de estruturação de nossos vínculos os mais diversos.

"Uma vez que a mídia é um artefato cultural que organiza a experiência humana do mundo, sua capacidade de influenciar a mente e a conduta das pessoas é inegável", afirma Mininni (2008, p. 72), numa avaliação que corrobora a conclusão de que existir, mesmo que em graus variados, de acordo com as condições socioeconômicas e culturais de indivíduos e grupos, é existir midiaticamente.

Conforme visto no primeiro capítulo, vivemos um mundo em que a nossa experiência de realidade está cada vez mais vinculada a conteúdos midiáticos e a relações possibilitadas pelos mais diversos aparelhos de mídia, da TV ao *smartphone*, por exemplo.

Defrontamo-nos com um colossal painel midiático, formado por um gigantesco mosaico comunicacional permanentemente atualizado. São imagens (infográficos, ilustrações, fotos e vídeos), sons e textos, compondo as mais variadas narrativas (jornalismo, publicidade, entretenimento etc.) e fornecendo a maioria das referências simbólicas para a percepção do que existe, do que é "certo" e "errado", e das escolhas que são feitas ininterruptamente. E não se trata apenas de notícias ou informações do outro lado do planeta. Nos dias de hoje, depende-se de conteúdos e conexões midiatizados para a "atualização" até mesmo de ocorrências da vida familiar, dos fatos da vizinhança.

Enfim, em maior ou menor intensidade, de acordo com a capacidade de acesso e de consumo das mídias, os indivíduos e as comunidades estão cada vez mais se orientando segundo as marcações acessadas no painel multimidiático atualizado em tempo real.

Observação relevante: apesar de esse mundo virtual ou comunicacional ser, na maioria das vezes, apenas uma leitura ou narração do real, esse abismo entre os dois está diminuindo.

Cada vez mais, na sociedade midiatizada, nota-se a preponderância das narrativas sobre os fatos, ou mesmo a percepção de que tal narrativa tem valor de realidade equivalente aos próprios fatos narrados.

A alta dependência cotidiana de meios de comunicação (os de massa, como a TV aberta, e os de uso pessoal, como a internet) para o estabelecimento das relações numa sociedade que não tem tempo a perder e é bombardeada por uma sufocante abundância de informações e opções de consumo gera uma confusão entre realidade e narração da realidade.

Sem tempo para testemunhar presencialmente tudo que importa no cotidiano, e com uma rede ubíqua e onisciente de mídias acolhedoras e participativas, a experiência comunicacional está se tornando a base da existência na atualidade.

"Mais que a escola, a família ou o grupo de pares, é a mídia que fornece os modelos mentais para organizar a própria identidade e para projetá-la nas relações com os outros", ressalta Mininni (2008, p. 164).

Nessa realidade, Türcke (2010, p. 39-72) também atualiza o pensamento que atravessa milênios de Filosofia, apresentado no início do capítulo, e registra que "ser é ser percebido (*esse est percipi*)".

Para existir – ou ter potencial para chamar a atenção de alguém, como neste livro se discute –, é preciso que se constitua uma existência midiática disponível no colossal mosaico comunicacional que referencia a vida na atualidade.

"Emitir quer dizer tornar-se percebido: ser", aponta Türcke, que registra uma pressão por emissão na contemporaneidade. E é isso que se pode ver no retumbante sucesso das redes sociais, espaços democráticos de emissão a que a maioria dos internautas se obriga ou nos quais se regozija.

Essa pressão por emissão também pode ser vista na crescente demanda por gestão profissional de comunicação organizacional, incluindo aí as mídias customizadas, por parte de organizações e personalidades públicas que queiram atenção em busca de relevância socioeconômica e político-cultural.

Conforme Bauman (2008, p. 21), ao analisar o desejo de ser famoso que mobiliza pessoas, nos quatro cantos do planeta, "há mais coisas na vida além da mídia, mas não muito... Na era da informação, a invisibilidade é equivalente à morte".

Mas essa "opressão", às vezes insidiosa, que leva à compulsão por emissão, é apenas uma face da moeda. Na outra, há o que Türcke descreve como a regra atualíssima, apesar de decantada há séculos, do "ser é perceber (*esse est percepire*)".

O autor descreve a atualidade como uma "sociedade excitada" e aqui temos uma das marcas mais importantes deste tempo: a compulsão pelo estímulo. Busca-se o tempo todo estar estimulado, atento para não perder nenhum lance "importante".

De percepção em percepção constituem-se os dias de subjetividades que vivem de buscar ânimo e excitação nas mensagens comunicacionais cada vez mais estridentes, esdrúxulas ou impactantes.

A vida está na dependência da dinamização desse sistema circulatório de meios e conteúdos midiáticos "excitantes" que dão sentido à existência a partir de uma narrativa do real ou do que se desejaria como real.

É exatamente nesse regime de vida, com excesso de informações e estímulos, que a preciosa e limitada atenção humana se torna escassa, criando um problema para aqueles que dependem justamente do olhar alheio para vender, eleger-se, ser apoiado etc. Enfim, além de estar disponível em formato de informação na rede midiática, é preciso ser capaz de chamar e manter, nesse oceano informacional, a atenção do seu destinatário preferencial, e com ele estabelecer um diálogo que gere uma boa imagem, uma percepção positiva.

## IMAGEM

Como ficou bem claro até aqui, a comunicação organizacional se estrutura em função da conquista de uma reputação positiva para organizações e personalidades públicas. Desse modo, antes de tudo, busca-se atenção com o objetivo de promover uma boa imagem.

A disputa por atenção, via estratégias comunicacionais, como as mídias customizadas, dá-se exatamente com o objetivo de promover uma interface profícua com os públicos-alvo dos assessorados, com vistas a veicular determinado posicionamento para esses grupos de interesse.

Posicionamento é o "discurso" que a organização faz sobre si mesma, presente em toda a sua comunicação, desde o logo, os uniformes, os produtos e serviços, até os *press-releases*, passando pela publicidade e pelas diversas mídias customizadas.

Numa simplificação, é o discurso autorreferente, aquilo que eu falo de mim mesmo na intenção de que os outros também falem – igual ou aproximadamente –, formando-se uma imagem pública positiva e conforme os parâmetros organizacionais preestabelecidos.

Posicionamento é um conceito que a área de comunicação estabelece de acordo com a missão (razão de ser) e a visão (como ela projeta estar, ser vista) da organização. Ele é a base da produção de uma imagem institucional, considerando a constituição da imagem um processo dinâmico e bidirecional, em que os públicos-alvo também são ativos.

Isso quer dizer que a imagem se forma a partir de uma relação na qual de um lado está uma organização e de outro os seus públicos. De um lado, está a organização oferecendo produtos e serviços, que por si sós já passam uma impressão potente, e também endereçando aos seus públicos uma comunicação própria, a partir de um posicionamento único, buscando ser vista de maneira positiva.

Do outro lado, estão os públicos, que formam a sua impressão a partir da relação que estabelecem com a organização (consumindo seus produtos, trabalhando nela, enfim, associando-se a ela de algum modo), e também – na verdade, espera-se, que muito! – pela influência da comunicação organizacional a eles endereçada.

É a partir da conquista de uma boa imagem, produzida por meio dessa interface dinâmica e dialógica entre organização e públicos-alvo, que os vínculos se estreitam e as trocas projetadas se efetivam (apoios, vendas, votos).

Entendido o processo de formação de imagem, chegou a hora de responder objetivamente: o que é imagem, esse elemento que mobiliza um campo inteiro da comunicação social e demanda a estruturação de departamentos e assessorias nas mais diversas organizações?

O que é imagem, esse atributo intangível que tanto influencia na vida concreta de todos e se insere na complexa "economia da atenção"? O que é imagem, esse objetivo que mobiliza a criação de planos de comunicação organizacional, incluindo as mídias customizadas?

Para entender o que é imagem, faz-se necessária, primeiramente, a referência a outro conceito, ao qual ela está diretamente ligada: a identidade.

Segundo Argenti (2006, p. 60), a identidade "consiste nos atributos que definem uma empresa, como seu pessoal, produtos e serviços". A imagem, por seu turno, "é a empresa vista pelos olhos de seu público". Para o autor, "a imagem é o reflexo da identidade de uma organização" (*ibidem*, p. 81).

Conforme salienta Torquato (2004, p. 104), identidade é "a soma das características físicas fundamentais do produto", são as marcas tangíveis de organizações, personalidades, produtos e serviços, entre outros.

A imagem, por sua vez, equivale à percepção simbólica da identidade, especialmente a partir do trabalho comunicacional acerca do posicionamento institucional, como se viu há pouco. "A imagem se refere ao plano dos simbolismos, das intuições, das conotações" (*idem*), considera o autor. Enfim, a imagem é como uma organização ou personalidade é percebida por seus públicos-alvo.

Na concepção filosófica de imagem, ela corresponde a uma referência que ocupa o lugar de alguma coisa. É o que representa algo (Novaes, 2005). Nesse sentido, no âmbito da comunicação organizacional, imagem é a referência conceitual acerca de uma identidade concreta.

Em comunicação organizacional, imagem é a percepção que resulta da sintonia ou da atenção estabelecida entre as partes em diálogo, uma organização e seus públicos de interesse.

Resumindo, no campo da comunicação organizacional, a imagem é a percepção da identidade. Identidade a partir da qual se define o posicionamento que será trabalhado nas diversas ações de comunicação para a formação da reputação de organizações, personalidades etc.

| Formação de imagem organizacional |
| --- |
| Identidade –> Posicionamento –> Imagem |

Por isso, todo o investimento em comunicação organizacional deve estar fundamentado em verdade factual. Quanto mais o posicionamento estiver distante da realidade, mais frágil será uma possível imagem conquistada.

Além disso, se mentira "sempre teve pernas curtas", em tempos de hipercomunicação participativa como a atualidade uma falácia tem altíssimas chances de "morrer na praia", ou de ser prontamente desmontada na rede multimidiática que a todos alcança de alguma forma.

Mas, voltando ao processo gestão de imagem fundamentado na verdade da identidade organizacional, a seguir apresenta-se, exatamente, uma proposta de estruturação da área de comunicação organizacional, tendo em vista a conquista e a manutenção de uma percepção positiva para os assessorados.

## COMUNICANDO ESTRATEGICAMENTE EM REDE

A comunicação organizacional estratégica em rede é uma estrutura que, como o próprio nome diz, visa a uma ação de gestão de imagem de forma estratégica e segundo o paradigma da comunicação em rede (Martinuzzo, 2013a).

Agir estrategicamente significa atuar eficazmente, potencializando pontos fortes e oportunidades e aplacando fraquezas e ameaças, para alcançar objetivos previamente definidos. As observações de Sodré (2006, p. 9-10) ajudam a deixar ainda mais claro o que é estratégia e sua função:

> Impõe-se um mapeamento completo da situação, capaz de fornecer indicações quanto à escolha racional a se fazer em cada eventualidade possível. Essa relação é o que normalmente se conhece como estratégia. Para ser efetiva, ela tem de calcular os aspectos de começo e de fim da ação e não se confinar ao detalhamento concreto da manobra a que se dispõe. Esta última cabe à tática, responsável pela contingência do agir e confinada ao tempo

OS PÚBLICOS JUSTIFICAM OS MEIOS

presente. Estratégia e tática podem estar referidas a jogos de guerra, de comércio, de política, de entretenimento, ou de comunicação.

Seguindo o que acabou de ser observado, é preciso fazer comunicação organizacional a partir de uma análise profunda da identidade, dos pontos fracos e fortes, das ameaças e oportunidades, dos macro-objetivos, dos públicos de interesse, da contingência midiática e do posicionamento da organização, tendo em vista a imagem que se queira alcançar ao longo de determinado período de tempo.

Outro diferencial da Coer é, como o próprio nome revela, a ação orientada a partir do paradigma da comunicação em rede, formulado por Cardoso (2007, 2010) e apresentado no Capítulo 1.

Esse pesquisador considera que, na atualidade, os "utilizadores" lançam mão de um conjunto de mídias on e off-line para constituir uma "dieta" de mídia peculiar que garanta trocas informacionais pessoais e acessos a conteúdos de difusão massiva a um só tempo e de forma participativa.

Nesse sentido, a Coer preconiza que se utilize uma série de possibilidades de comunicação entre as organizações e seus públicos de interesse, considerando a "dieta" de mídia destes. As mídias customizadas devem seguir o padrão de consumo midiático dos públicos-alvo, com a vantagem extra de trazer conteúdos exclusivos ou personalizados.

Para esclarecer ainda mais, vale recuperar a explicação de Cardoso (2010, p. 29): "Como seres sociais, não usamos apenas uma única mídia como fonte de comunicação, informação, ação e entretenimento, mas as combinamos, usamo-las em rede".

Finalizando as considerações sobre a Coer, é preciso salientar outras duas marcas essenciais desse paradigma: articulação e fidelidade. A "articulação" significa que todas as ações de comunicação devem ser coordenadas e integradas, evitando-se contradições e desperdícios, ao mesmo tempo que se promovem sinergias e se potencializam as iniciativas do conjunto.

A "fidelidade" preconiza a total coerência entre as ações de comunicação e a verdade factual da organização (a sua identidade) bem como a sintonia perfeita entre todas as iniciativas comunicacionais com o posicionamento/conceito definido para sustentar uma imagem desejada diante dos públicos-alvo.

Consideradas as principais marcas da comunicação organizacional estratégica em rede, registra-se que esse paradigma de trabalho, segundo os macropropósitos comunicacionais das organizações, estrutura-se em dois grandes campos ou escopos: o institucional e o mercadológico.

A comunicação institucional visa constituir uma imagem geral positiva da organização para seus públicos de interesse, trabalhando basicamente o posicionamento/conceito organizacional. Como, do ponto de vista estrutural, esses públicos podem ser classificados em dois grandes grupos, essa comunicação articula duas subáreas: interna e externa.

Por seu lado, a comunicação mercadológica visa à persuasão quanto a ideias, marcas, personalidades, produtos, serviços, mercadorias etc. Na maioria das vezes, vincula-se a trocas comerciais, como o varejo. Mas suas técnicas também podem ser aplicadas, por derivações e com ajustes, em outras ações de comunicação, como na busca por votos e apoios diversos.

| Comunicação organizacional estratégica em rede (Coer) |
| --- |
| Comunicação institucional<br>Comunicação institucional interna (CII)<br>Comunicação institucional externa (CIE) |
| Comunicação mercadológica |

FONTE: MARTINUZZO (2013A)

Vale salientar que toda organização tem uma série de públicos internos e externos, conforme veremos no próximo capítulo, com especificidades importantes: percepções e interesses diversos, práticas e hábitos comunicacionais próprios etc. Dessa forma, de conteúdos a linguagens, passando pela escolha de mídias, tudo precisa ser customizado.

Essa customização é preciosa para que, em meio às naturais interferências ou ruídos do processo, o posicionamento comunicado seja percebido pelos públicos de interesse do modo mais fiel possível, formando-se a imagem desejada pelo planejamento estratégico de comunicação, o assunto do nosso próximo tópico.

| Públicos comuns à maioria das instituições |
| --- |
| Internos: funcionários, acionistas ou sócios, ocupantes de cargos de comando, fornecedores diretos, consultores, trabalhadores terceirizados. |
| Externos: clientes, eleitores, apoiadores, voluntários, comunidades onde as organizações estão insertas, mídia/imprensa, poderes públicos, em níveis municipal, estadual e federal, sindicatos, ONGs diversas. |

FONTE: MARTINUZZO (2013A)

## PLANO ESTRATÉGICO DE COMUNICAÇÃO ORGANIZACIONAL

Em linhas gerais, o planejamento estratégico indica à organização sua missão institucional (razão de ser), visão (posicionamento almejado para a organização em determinado período de tempo), valores, objetivos e conjunto de ações e metas que a guiarão rumo à realidade apontada na visão.

Esse processo é feito de forma participativa, com a contribuição de especialistas e do corpo técnico-institucional, considerando-se os pontos fracos e fortes da organização, assim como as ameaças e oportunidades do seu ambiente externo. Com todo esse diagnóstico, e tendo em vista os públicos-alvo, são definidos os macro-objetivos estratégicos e seus respectivos projetos, metas e indicadores.

## Planejamento estratégico – linhas e conceitos gerais

a) Diagnóstico
 - Missão
 - Visão
 - Valores
 - FOFA (pontos fortes e oportunidades e pontos fracos e ameaças) ou SWOT (*strenghts, weaknesses, opportunities* e *threats*)
 - Públicos prioritários

b) Macro-objetivos estratégicos
 - Projetos/ações
 - Metas
 - Indicadores
c) Avaliação, acompanhamento e revisão
 - Pesquisas, reuniões e seminários

FONTE: MARTINUZZO (2013A)

Enfim, um plano estratégico define o que uma organização é (pensa e faz), onde e como ela caminha, aonde quer chegar, como avançará na sua trajetória e com quem trabalha. Com os devidos ajustes, é exatamente a partir dessa metodologia que se estrutura um planejamento comunicacional.

O plano estratégico de comunicação vai gerar um roteiro de trabalho organizado, respaldado e compartilhado no âmbito da organização, constituindo-se como o melhor caminho para definir com clareza, no que diz respeito à gestão de imagem, onde uma organização está, aonde quer chegar, como ela deve caminhar e quais esforços deve fazer para chegar a esse horizonte desejado (Martinuzzo, 2013a).

### COMUNICAÇÃO

A exigência de uma ação profissionalizada na gestão da imagem organizacional soma mais de um século, tendo-se como referência a criação, em 1906, por Ivy Lee, dos serviços de assessoria de imprensa para os barões ladrões estadunidenses (Martinuzzo, 2013b).

OS PÚBLICOS JUSTIFICAM OS MEIOS

Com a instituição da sociedade midiatizada, imersa na economia da atenção, esses esforços se superam a cada dia, alcançando patamares inéditos. Dessa forma, não tardou para que os parâmetros do planejamento estratégico fossem aplicados ao campo da comunicação organizacional. Num ambiente de intensa concorrência, comunicação em rede e disputa acirrada por atenção, o planejamento estratégico é decisivo para que as atividades comunicacionais estejam articuladas a partir do objetivo de obter uma imagem coerente e forte com os públicos-alvo, definindo-se, inclusive, os meios e as mensagens a serem utilizados para isso.

Mas não basta apenas fazer um plano, é necessário que se instituam procedimentos de acompanhamento e avaliação permanentes das ações previstas, efetivando-se atualizações e revisões periódicas. Assim, pode-se aferir o retorno de investimentos e as percepções da imagem, sem falar das possibilidades de aprendizagem com erros e acertos.

Para produzir um plano estratégico de comunicação organizacional, deve-se seguir os mesmos passos do planejamento tradicional: diagnóstico, formulação de macro-objetivos e projetos, e acompanhamento/atualização.

Se a organização já tiver um plano estratégico geral, o diagnóstico fica mais fácil. Caso não haja tal documento, será preciso fazer um mapeamento das questões organizacionais decisivas para a comunicação (missão, visão, valores, macro-objetivos, projetos, públicos-alvo etc.).

Também é necessário fazer todo um diagnóstico específico sobre a comunicação, nos ambientes interno (estrutura, pessoal, investimento, ações consolidadas etc.) e externo (reputação institucional, rede midiática etc.).

Conjugando esses dois mapeamentos, são estabelecidos diretrizes, orientações, projetos e ações para a comunicação organizacional estratégica em rede (institucional – externa e interna – e mercadológica).

Nesse processo, também é preciso fazer um quadro orçamentário, assim como prever ações de divulgação do plano com as lideranças organizacionais, monitoramento, avaliação e atualização.

Seguindo a mesma lógica do plano estratégico tradicional, o plano estratégico de comunicação estabelece, do ponto de vista comunicacional, o que a organização é (pensa e faz), onde e como ela caminha, aonde quer chegar, como avançará com seus objetivos organizacionais, com quem trabalha e com quais veículos e ferramentas de ação.

Considerando que há várias possibilidades de trabalho, confira, a seguir, um roteiro básico para a confecção de um plano estratégico de comunicação (Martinuzzo, 2013a).

## Planejamento estratégico de comunicação

**A) DIAGNÓSTICO**
1) Organização
- Missão, visão, valores, análise FOFA, objetivos, programas, metas
- Reputação organizacional
- Públicos prioritários
2) Comunicação
- Análise FOFA da comunicação organizacional (estrutura, pessoal, recursos)
- Estudo do ambiente midiático da organização e de seus públicos-alvo

**B) POSICIONAMENTO**
- Definição do conceito/imagem a ser trabalhados para a organização

**C) MACRO-OBJETIVOS ESTRATÉGICOS DE COMUNICAÇÃO**
- Detalhamento: escopo comunicacional (institucional – interno e externo – e mercadológico), públicos-alvo, objetivos (integrar, informar, divulgar, persuadir, congregar, mobilizar etc.) e atividades.

| ESCOPO | PÚBLICO-ALVO | OBJETIVO | ATIVIDADE |
|---|---|---|---|
| Institucional interno | | | |
| | | | |
| | | | |
| Institucional externo | | | |
| | | | |
| | | | |

CONTINUA

OS PÚBLICOS JUSTIFICAM OS MEIOS

CONTINUAÇÃO

| Mercadológico | | | |
|---|---|---|---|
| | | | |
| | | | |

**D) – CATÁLOGO DE ATIVIDADES**
- O que fazer (produto, conteúdo, mensagem)
- Por que (justificativa e objetivo)
- Como (formato, linguagem, distribuição, etapas)
- Onde (mídias ou espaços de veiculação ou execução da ação)
- Quem (responsável)
- Quando (cronograma)
- Quanto (custos)

| ATIVIDADE | |
|---|---|
| O que | |
| Por quê | |
| Como | |
| Onde | |
| Quando | |
| Quem | |
| Quanto | |

**E) AVALIAÇÃO E APRENDIZADO**
- Pesquisas, análises, revisões e atualizações

Tendo percorrido, nos Capítulos 1 e 2, o caminho da reflexão teórica e do acesso ao ferramental básico de trabalho que permite uma compreensão clara acerca dos desafios de fazer comunicação organizacional estratégica em rede na sociedade midiatizada mobilizada pela economia da atenção, nos próximos capítulos apresentam-se os detalhes teóricos e técnicos de uma das estratégias mais eficazes para viabilizar uma imagem organizacional positiva a partir do constante e profícuo diálogo entre organizações e seus públicos-alvo: as mídias customizadas.

# 3
# Mídias customizadas

No contexto da "economia da atenção", observada na atual "sociedade midiatizada", constitui-se um risco para indivíduos e organizações o desprezo à gestão da atenção na relação com seus públicos-alvo. Tornar-se protagonista, em qualquer setor que seja, em qualquer dimensão que se almeje, depende da capacidade de atrair e administrar a atenção dos públicos de interesse.

Para manter empregados, vender produtos e serviços, vender/valorizar ações na bolsa, não basta apenas ser uma organização sólida e competente, é preciso "agitar as células do cérebro – e os corações – dos públicos-alvo", enfatizam Davenport e Beck (2001, p. 8). "Se você quer ter sucesso na atual economia, você tem de ser bom em conquistar atenção."

Adler e Firestone (2002) também evidenciam esse desafio e apontam uma alternativa de reflexão e busca de soluções à questão central da comunicação na atualidade. Considerando que a "atenção é a mercadoria escassa na era da informação", eles sugerem a formulação de uma "economia da atenção".

Essa "ciência" poderia ajudar a "compreender questões referentes à maneira de decidir alocar nossa atenção num mundo de informações praticamente ilimitadas", prescrevendo o que "os criadores de informação precisam fazer para chamar atenção e manter a atenção de um público num mundo desses" (*ibidem*, p. 51).

Conforme já salientado, desde a Introdução, recomenda-se uma comunicação feita sob medida, com base no profundo conhecimento dos públicos-alvo organizacionais, principalmente suas ideias, interesses, hábitos e protocolos comunicacionais.

Tal proposição mantém interfaces com o que Davenport e Beck recomendam, conforme já citado no Capítulo 1 e que agora aprofundamos um pouco mais. Em linhas gerais, esses autores colocam como fundamentos da conquista e manutenção da atenção algumas ações determinantes:

- Promover comunicação dinâmica, com novidades constantes.
- Contar histórias cativantes, que toquem de alguma forma os públicos de interesse e sejam verídicas, trazendo personagens da vida real para as narrativas.
- Estruturar narrativas em partes e de forma lógica, incluindo interrupções, mas não descontinuidades na oferta de conteúdos.
- Oferecer possibilidades de acesso não linear aos conteúdos, garantindo uma "navegação" personalizada.
- Promover a interação e a participação dos públicos na construção dos diálogos, de forma dialógica e multimídia.
- Localizar as narrativas em processos que tenham objetivos maiores, como ampliar conhecimento, obter qualidade de vida etc.
- Investir no desejo ininterrupto por mais "doses" ou páginas do seu conteúdo.

Também vale recuperar a análise de Adler e Firestone, para os quais é preciso produzir uma relação entre organizações e públicos-alvo que vá além das mensagens que os emissores organizacionais queiram passar. É imprescindível que se estabeleça uma conexão entre conteúdos institucionais e conteúdos de interesse dos diversos públicos organizacionais.

Dessa forma, consideramos que, na sociedade midiatizada, marcada pela escassez da atenção, a comunicação organizacional estratégica em rede deve utilizar, no rol de suas iniciativas, um conjunto de mídias customizadas, fundadas em dois pontos-chave: públicos-alvo e conteúdos de seu interesse.

Há algumas referências que falam de "conteúdo segmentado". Entende-se, no entanto, que essa é apenas uma parte do desafio.

Produzir conteúdos específicos não resolve a questão da conquista e manutenção da atenção, imprescindíveis a uma comunicação eficaz.

É preciso conhecer profundamente os públicos-alvo para produzir conteúdo de seu interesse e entregar de forma certeira essa mensagem feita sob medida a seus destinatários. Mais: é preciso oferecer condições e meios para viabilizar e obter o retorno, as contribuições e a participação desses públicos, o que não se faz sem se considerar o necessário investimento em mídias *tailor-made*.

Enfim, não adianta só fazer conteúdo diferenciado ou de nicho; é preciso constituir mídias customizadas (conectadas ao universo de interesses dos destinatários, que lhes alcancem de forma eficaz e sejam dialógicas), o que implica um conhecimento dos públicos-alvo, seus interesses, hábitos e protocolos comunicacionais específicos.

Com base no mapeamento das potenciais pautas de trocas informacionais entre assessorados (organizações/personalidades etc.) e seus públicos, parte-se para a empreitada de produzir comunicação sob medida, com conteúdos e canais peculiares.

## MÍDIAS E CUSTOMIZAÇÃO

Mas antes de avançar nesse detalhamento explicam-se os conceitos de mídia e customização que orientam esta publicação. Conforme destaca o Dicionário Houaiss (2009, p. 590), customizar tem origem no verbo inglês *to customize* ("construir, adaptar ou alterar com o intuito de atender a especificações individuais"), derivado do substantivo inglês *custom* (cliente, usuário, freguês).

Em linhas gerais, trata-se de fazer mídia ajustada, adaptada às especificações dos públicos de interesse de determinada organização, personalidade ou pessoa pública. Customizada no que se refere à tecnologia de difusão e de conteúdo – ou seja, mídia, no conceito ampliado do termo.

Falando nisso, para definir mídia, são requeridos mais alguns passos para além do dicionário. Neste, mídia é um termo que designa diversos entes, desde um tipo específico de profissional da publicidade até um plano de divulgação publicitária.

Considerado o escopo deste trabalho, de acordo com o Dicionário Houaiss (2009, p. 1289), que apresenta várias acepções para o termo, mídia é "todo suporte de difusão da informação que constitui um meio intermediário de expressão capaz de transmitir mensagens". Ainda: "o conjunto dos meios de comunicação social de massas", abrangendo "o rádio, o cinema, a televisão, a imprensa, os satélites de comunicações, os meios eletrônicos e telemáticos de comunicação etc." (*idem*).

Indo além da questão meramente tecnológica, em razão dos objetivos desta publicação, vale ampliar um pouco mais essa visão. De acordo com Cardoso (2007, p. 107), "mídias são aparelhos tecnológicos", do telefone à televisão, passando pela internet, que "asseguram de diferentes formas (pelo som, texto e imagem) a transmissão codificada de símbolos, dentro de um quadro predefinido de estrutura de signos, entre emissor e receptor".

Tratando-se de suportes digitais, o autor afirma que "entre eles encontram-se as mídias multimídia, que se utilizam de uma forma combinada e interligada (em hipertexto ou não) som, imagem e texto".

Considerando que as mídias, como artefatos tecnológicos, são afetadas pelos universos político, econômico e cultural, Cardoso ressalta que essas tecnologias também são moldadas pelos seus usos e aplicações.

Avancemos, pois, ainda mais nessa direção, por meio das observações de Sodré (2002, p. 20), para quem mídia – etimologicamente, do inglês *media*, absorvido do latim, que é plural de *medium*, meio – não é apenas um dispositivo técnico:

> *Medium* é o fluxo comunicacional, acoplado a um dispositivo técnico (à base de tinta e papel, espectro herteziano, cabo, computação etc.) e

OS PÚBLICOS JUSTIFICAM OS MEIOS

socialmente produzido pelo mercado capitalista, em tal extensão que o código produtivo pode tornar-se "ambiência" existencial. Assim, a Internet, não o computador, é *medium*.

Combinando os meios técnicos com expressões comunicacionais ou trocas simbólicas viabilizadas por tais plataformas, temos o conceito ampliado de mídia aqui utilizado. Trata-se do conjunto formado por narrativa e canal, ou pela mensagem e pelo meio que a distribui ou constitui.

Nessa direção, quando se fala de TV, quer-se fazer referência não apenas ao dispositivo técnico que permite a emissão e recepção de conteúdo audiovisual, mas também à narrativa televisiva por ele transmitida.

Com essa visão ampliada acerca do que é mídia (suporte técnico e conteúdo comunicacional específico), pode-se falar, por exemplo, em WebTV, livro digital ou *e-book*, sem que se perca a noção exata do tipo de comunicação em voga, apesar dos ajustes e das modificações que os suportes imprimem aos conteúdos, seja na produção, na emissão, no consumo e na resposta dos utilizadores.

Na contingência da "comunicação em rede", formada por uma "constelação de mídias", e na era da internet, uma mídia multimídia, as opções de interface midiática entre organizações e seus públicos-alvo são inúmeras.

Mas essa abundância impõe o desafio crucial da escassez da atenção, conforme já discutido. Nessa direção, a escolha certa é um desafio em busca da comunicação eficaz. Para enfrentar essa questão, aqui se defende que, antes de tudo, a comunicação organizacional estratégica em rede (Coer) se faça com mídias customizadas.

Segundo recomenda Davenport e Beck (2001, p. 77), se alguém busca atenção para seu conteúdo, deve avançar "milhas em direção à customização. Não envie mensagens genéricas, a menos que você não possa absolutamente personalizá-las, reconhecendo que elas provavelmente não serão acolhidas".

49

Para promover a customização de conteúdos, a partir de um denso conhecimento dos públicos-alvo, esses autores recomendam que se estruturem eficientes sistemas de apuração e consolidação de informação, observando, porém, que não se deve demandar muito tempo dos clientes nesse processo, sob risco de afastá-los ou irritá-los.

Como se vê, na contemporaneidade, nada mais imperativo que a utilização das mídias *tailor-made*, constituídas com base em um profundo conhecimento dos públicos-alvo, incluindo suas práticas comunicacionais e seus temas de interesse.

Para constituir mídias (o somatório de plataformas e conteúdos) de alto valor agregado para as audiências organizacionais, defendemos que é preciso saber com quem se fala, como e o que falar. Questões que serão discutidas a seguir sob a denominação de "endereço certo" e "conteúdo de interesse" – os fundamentos do que chamamos de mídias customizadas na comunicação organizacional estratégica em rede.

## ENDEREÇO CERTO

"Você sabe com quem está falando?" A pergunta, que, desde sempre, era símbolo da arrogância dos poderosos, ou de quem assim se considerava, em um país de fundamentos patrimonialistas, de origem escravagista, do jeitinho nosso de cada dia, do "manda quem pode e obedece quem tem juízo", tornou-se uma questão-chave para quem faz comunicação organizacional nos dias de hoje.

Na economia da atenção, saber com quem se está comunicando é algo decisivo, crucial mesmo, para o êxito de qualquer estratégia. Do contrário, as mensagens poderão se perder no oceano de informações da rede multimidiática de comunicação que é composta por mídias on e off-line e sustenta grande parte da percepção de realidade na atualidade.

OS PÚBLICOS JUSTIFICAM OS MEIOS

Como se tem visto desde as primeiras páginas deste livro, o maior desafio dos dias de hoje é a comunicação, processo tornado ainda mais complexo em razão das dificuldades de conquistar e manter a atenção em meio à inflação informacional a que todos estamos submetidos.

Parece estranho ou até brincadeira dizer que em tempos de internet sem fio acessível em multiplataformas, para não falar das outras mídias, a comunicação seja um problema. Se não um problema, ela é efetivamente um desafio, fundado na competição acirrada por atenção, que pode ser enfrentado pelo uso de mídias customizadas.

Nessa direção, o primeiro passo é saber exatamente o alvo da comunicação. É indispensável conhecer o mais detalhadamente possível os públicos de interesse, de forma a estabelecer uma ponte midiática por meio da qual circulem mensagens e se faça comunicação dialógica, tendo em vista a constituição de uma imagem institucional positiva e forte.

Definitivamente, não dá para pensar em comunicação organizacional eficiente sem que se conheçam os interlocutores-alvo. Esse é o ponto de partida na corrida pela disputa pela atenção.

### COM QUEM FALAR

Os públicos organizacionais são basicamente definidos pelas interfaces decorrentes da natureza, abrangência e objetivos (produtos, serviços etc.) de uma organização. São grupos de indivíduos com os quais uma instituição mantém relações corriqueiras, como trabalhadores, fornecedores, clientes, apoiadores, admiradores, eleitores, agentes fiscalizadores, agentes concessionários etc.

É a partir de um conjunto de conexões que uma organização se forma, se mantém e faz todos os seus movimentos. Trata-se de uma estrutura porosa e tentacular, que está incondicionalmente ligada a um elenco de grupos de interesse, interna ou externamente.

Tendo em vista que há organizações públicas, privadas e não governamentais – e que nesses grandes campos existem milhares de especificidades –, os públicos de interesse variam de acordo com os objetivos organizacionais. No entanto, é possível definir um grupo bastante comum às organizações de forma geral (Martinuzzo, 2013a).

Considerando essa realidade, são os seguintes os públicos relacionados com a maioria das organizações:

1. Internamente: funcionários; acionistas ou sócios; ocupantes de cargos de comando; fornecedores diretos; consultores; trabalhadores terceirizados.
2. Externamente: clientes; eleitores; apoiadores; voluntários; comunidades onde as organizações estão insertas; mídia/imprensa; as três esferas dos poderes públicos, em níveis municipal, estadual e federal; sindicatos; ONGs diversas.

Apesar das grandes categorizações de públicos, é preciso entender que esses contingentes não são "monolíticos" ou homogêneos. Mesmo que estejam sob um grande agrupamento, por exemplo, público interno, é necessário entender que há subgrupos em convivência.

Se se busca uma comunicação customizada, é preciso considerar, o máximo possível, os segmentos existentes em cada macrogrupo de público de interesse. Nessa direção, há três aspectos a observar: fatores de segmentação, pesquisas de diagnóstico e desafios da comunicação.

### SEGMENTAÇÃO

Não importa se ocorra em endereço de *Internet Protocol* (IP), na constelação digital, ou no CEP do traçado concreto de ruas e avenidas, no mapa analógico da vida real, a comunicação customizada precisa ser feita com base em públicos-alvo, considerando as devidas segmentações em cada grupo.

Além de usar os parâmetros organizacionais, como seleção por cargos e funções diferentes no mesmo grupo de público, por exemplo, é preciso considerar outras condicionantes de comportamento na hora de fazer a segmentação.

Trata-se de uma espécie de escaneamento socioeconômico e político-cultural que permitirá a divisão de um mesmo contingente de pessoas em "times" menores, facilitando e tornando mais eficaz a comunicação, a conquista da atenção.

O processo de segmentação surgiu no campo da publicidade, segundo Adler e Firestone (2002) na década de 1950, deixando para trás a classificação de públicos somente por critérios numéricos e passando a considerar as marcas demográficas e psicográficas destes.

"A publicidade se tornaria mais eficiente se esses consumidores pudessem ser isolados de modo que os apelos pudessem se concentrar neles", consideram os autores, afirmando que, desde então, houve um "crescimento fantástico da pesquisa de mercado destinada a identificar e caracterizar grupos-chave de consumidores" (*ibidem*, p. 25).

Crescitelli e Shimp (2012, p. 88) propõem um conceito sintético do que seja segmentação: "Segmentar o mercado nada mais é que identificar conjuntos de consumidores com preferências e comportamentos específicos com relação aos componentes do mercado".

Importante observar que, no escopo deste livro, é preciso ajustar um pouco as referências feitas pelos autores que acabaram de ser citados. Tais pesquisadores falam de "consumidores", por tratarem basicamente de segmentação para comunicação mercadológica.

Como aqui se trata de comunicação organizacional em geral, para um melhor aproveitamento dos argumentos, é preciso entender "consumidores" como pessoas, indivíduos, que podem ser alvo de comunicação mercadológica, com intenção de vender produtos e serviços, mas também são abordados com objetivos de comunicação institucional, ou seja, promoção de uma imagem, interna e externamente à organização.

Feita essa ressalva, os raciocínios desenvolvidos por Adler e Firestone e Crescitelli e Shimp são plenamente apropriados para abordarmos o tema segmentação no campo da Coer, com vistas à produção e difusão de mídias customizadas.

Nessa direção, segundo Crescitelli e Shimp (2012), para segmentar os públicos, devem ser considerados quatro critérios: comportamental, psicográfico, demográficos e geodemográfico. A partir de tais critérios de segmentação, podem ser identificados, afirmam os autores, comportamentos similares entre os indivíduos.

Segundo esses pesquisadores, as características *comportamentais* representam as informações acerca dos mais diversos modos pelos quais as pessoas se relacionam com produtos, serviços, empresas etc. Mapeiam-se os gostos, as recusas, as práticas, enfim, as relações e afetos que se estabelecem entre as pessoas e os assessorados, as organizações e seus produtos, se for o caso.

As características *psicográficas* "captam aspectos da composição psicológica e estilos de vida dos consumidores, incluindo atitudes, valores e motivações" (*ibidem*, p. 88). Por seu turno, a *demografia* revela dados mensuráveis como idade, renda, gênero, classe social, etnia.

As informações *geodemográficas* reúnem características demográficas de grupos por "blocos geográficos, como áreas de mesmo CEP, regiões, cidades" (*idem*). A premissa, nesse caso, é que vizinhos compartilhem diversas similaridades, como estilos de vida, por exemplo.

Individual ou articuladamente, esses conjuntos de informações orientam a segmentação de públicos-alvo específicos. Ajudam a localizar subgrupos no âmbito dos macrogrupos de públicos-alvo organizacionais, citados inicialmente neste capítulo, agregados basicamente a partir de seus vínculos empregatícios, econômico--produtivos e político-ideológicos com as organizações.

É importante dizer que, por meio desses quatro "filtros", também se podem articular e constituir públicos-alvo específicos a partir de determinada demanda de comunicação peculiar, como, por exemplo, em casos de lançamentos de produtos inovadores.

OS PÚBLICOS JUSTIFICAM OS MEIOS

Com o uso do filtro psicográfico, podemos definir uma estratégia de comunicação que alcance um grupo composto por indivíduos que não residem numa mesma cidade, por exemplo, mas têm afinidades quanto a valores éticos.

Avançando um pouco mais ainda a partir das análises dos autores até aqui arrolados, é preciso voltar ao campo do comportamento para considerar dois aspectos marcantes da vida atual que interferem diretamente na conformação das subjetividades e, portanto, dos segmentos.

Um é a "liquefação" das fronteiras e padrões tradicionais de organização da vida individual e coletiva. O outro ponto importante na hora de tratar de públicos-alvo e segmentação são as redes sociais da internet e suas repercussões.

Numa era de valores e padrões cada vez mais "líquidos", como define Bauman (2001) em sua "modernidade líquida", convive-se com possibilidades mais flexíveis e instáveis de comportamento, que atravessam ou enfraquecem os limites consagrados na formação de individualidades, grupos ou públicos.

Na atualidade, não há receitas muito "duras", rígidas, ou claras acerca de comportamentos ajustados a este ou àquele estrato social, a esta ou àquela faixa etária. Como as subjetividades se estruturam majoritariamente com base no "ter" e não no "ser", conformam-se indivíduos abertos a uma atualização comportamental intermitente, de acordo com os ditames do consumismo.

A modernidade líquida prima pela modulação de subjetividades voláteis e mutantes, receptáculos de diversificados projetos, sonhos e desejos ao longo da vida, sob os auspícios do consumo sem limites.

Nessa contingência histórica, o poder de consumir possibilita a prerrogativa de ser/existir diferentemente, por exemplo, a cada coleção de moda, a cada nova imersão no mundo das etiquetas que marcam muito mais que produtos, rotulam indivíduos, grupos, segmentos.

De acordo com Barber (2009, p. 190), "a identidade tornou-se um reflexo de 'estilos de vida' intimamente associados a

55

marcas comerciais e aos produtos que elas rotulam". O autor afirma ainda que comportamentos e atitudes também estão "ligados a onde compramos, como compramos e o que comemos, vestimos e consumimos" (*idem*).

Mas o ser mutável e mutante pelo consumo é apenas um exemplo – um bom exemplo – da liquidez da vida atual, que também aboliu ou relativizou a tirania do "apropriado" e do "inapropriado" de tempos atrás. Ressalte-se que aqui, nesse caso, não se faz juízo de valor, mas apenas se constata um fenômeno que interfere na "leitura" da vida atual.

O que antes era considerado apropriado a jovens pode hoje ser costume de adultos. O que era limitado a adultos pode ser acessado por adolescentes. Há os adultos, considerando-se o critério de idade, que teimam em permanecer na adolescência. Haja vista os "kidults", adultos infantilizados ou encarcerados na infantilidade, na formulação de Barber (*ibidem*).

Quem consegue definir idade apenas pela aparência em tempos de toxinas botulínicas, preenchimentos faciais e *liftings*? A juventude vem sendo esticada, pelo menos na aparência e nas escolhas de estilos de vida, empurrando para o lugar do indesejável a velhice, por mais que esta tenha recebido a doce alcunha de "feliz idade", conceito que, atualmente, acabou mudando a percepção acerca dos velhos de outrora.

Com mais ou menos radicalidade, ser idoso atualmente difere muitíssimo dos "tempos da vovó". Quantos vovôs e vovós pelo critério da idade não se comportam nem se vestem como se estivessem há anos-luz de chegar à "terceira idade"?

Enfim, ainda não há metodologia para alcançar, traduzir ou aferir tantas mudanças recentes num cenário marcado pela instabilidade. Um caminho é dar bastante atenção às questões comportamental e psicográfica nas pesquisas, caprichando no olhar sobre essas transversalidades e volatilidades nos modos de ser atuais.

Falando em novidades comportamentais e nichos, é impossível não tratar do fenômeno das redes sociais. Em tempos de "sociedade em rede", "comunicação em rede", "redes sociais", falar de "públicos" ou segmentos pode parecer anacrônico. Mas, conforme se viu, não é.

No entanto, é preciso prestar atenção a mudanças colocadas por este novo tempo. Pode-se dizer que a relação entre organizações e seus públicos de interesse tornou-se mais complexa.

As redes sociais, que se estabelecem nas mídias sociais[4], trazem novidades ao mundo dos segmentos por algumas razões claras. Elas atravessam os grupos tradicionais a partir de sua capilaridade, alcance e pauta multitemática.

Por iniciativa das organizações ou mesmo de públicos ligados a determinada organização (consumidores, eleitores etc.), podem ser criadas redes específicas com *status* de segmento (um segmento num território digital, mas nem por isso desconectado da vida cotidiana, com a qual mantém outros laços, inclusive comunicacionais).

Como se vê, os públicos-alvo de uma organização podem integrar redes sociais já existentes na internet ou mesmo compor novas redes, por iniciativa autônoma ou da própria organização, mas não se pode restringir a comunicação com eles apenas por meios digitais, tendo em vista a dieta comunicacional multiplataforma hoje existente.

Enfim, as comunidades das redes sociais podem se converter em públicos-alvo organizacionais, e a comunicação com os públicos-alvo, todos eles, deve considerar a necessidade de conversa via tais redes.

---

4. Uma rede social, para Recuero (2009, p. 24-5), "é definida como um conjunto de dois elementos: atores (pessoas, instituições ou grupos; os nós da rede) e suas conexões (interações ou laços sociais)". Redes sociais digitais, como a maior delas, o Facebook, são espaços para compartilhamento de mensagens multimídia, constituindo-se vínculos os mais diversos entre os interlocutores. Elas são uma possibilidade das mídias sociais, que oferecem suporte tecnológico para que se produza uma interface colaborativa e dialógica na internet – inclusive por meio de redes sociais.

No âmbito da comunicação organizacional estratégica em rede (Coer), uma rede social organizacional (página ou grupo on-line) pode ser vista ao mesmo tempo como uma mídia customizada destinada a falar com outras redes de interesse, ou mesmo como um meio para constituir um próprio público-alvo segmentado digital em torno de produtos, serviços, personalidades, por exemplo.

Vale remarcar que essas redes digitais podem surgir por iniciativa da organização, conforme salientado há pouco, mas também acontece de elas se originarem a partir de decisão e ação espontânea dos públicos-alvo organizacionais, isso tanto para criticar como celebrar algo.

Mas, reforçando: na contingência do paradigma da comunicação em rede, explicitado no primeiro capítulo deste livro, não se pode privilegiar um único meio de comunicação, tendo em vista que os usuários lançam mão de um conjunto de mídias para estabelecer seus hábitos comunicacionais.

Nesse contexto, o gestor de comunicação deve prestar atenção também na circulação de informação, na citação ou referenciação acerca do assessorado no circuito midiático de seus interlocutores-alvo.

Isso equivale a dizer que é preciso se comunicar em rede e estar atento ao fato de os públicos-alvo também emitirem, interagindo no âmbito de sua própria rede e, ainda, sendo alcançados por veiculações de outras redes de comunicação, sejam elas on (diversificadas redes sociais) ou off-line (jornais, revistas, TVs etc.).

Conhecer os públicos-alvo de uma organização a fundo sempre foi um desafio, mas a contemporaneidade tem adicionado complexidades a essa tarefa crucial no mundo da comunicação organizacional.

Dessa forma, o melhor caminho para produzir conhecimento sobre os públicos de interesse e, com isso, definir uma estratégia de comunicação eficaz, principalmente se ela for customizada, são as pesquisas, tema do próximo tópico.

## PESQUISAS

Diante dos desafios da atualidade, não dá para agir às cegas. Qualquer investimento tem de ser guiado pela luz das informações apuradas de modo científico e profissional.

O "achismo", se funcionou algum dia, perdeu completamente o valor diante da alta demanda por *performance* e resultados que marca a vida organizacional na atualidade.

Nessa direção, a verificação e o diagnóstico das segmentações existentes no âmbito dos públicos organizacionais precisam ser viabilizados por meio de realização e estudo de pesquisas.

Essas sondagens devem ser contratadas a terceiros, empresas especializadas no ramo. Mas, como cabe aos gestores de comunicação acompanhar todo o processo, tomando as decisões centrais acerca das pesquisas (objeto e escopo, entre outros), a seguir são apresentados os principais tipos de trabalho aptos a ajudar no conhecimento dos públicos-alvo e seus segmentos.

No intuito de conhecer os públicos-alvo e seus comportamentos, podem ser utilizados diversos tipos de pesquisas. Mesmo focando no campo acadêmico, Gil (2002) apresenta uma conceituação sobre pesquisa útil a outros campos de ação, como a comunicação organizacional.

O autor classifica as pesquisas em três grandes grupos: exploratórias, descritivas e explicativas. As primeiras buscam "proporcionar maior familiaridade com o problema, com vistas a torná-lo mais explícito" (*ibidem*, p. 41). O caminho sugerido inclui estudo de caso, com entrevistas e análise de ocorrências/ exemplos, além de levantamento bibliográfico específico.

A pesquisa descritiva "tem como objetivo primordial a descrição das características de determinada população ou fenômeno", conceitua Gil, apontando que a metodologia mais comum, nesses casos, é o uso de "técnicas padronizadas de coleta de dados, tais como questionários e observação sistemática" (*ibidem*, p. 42).

Essas pesquisas, que também usam entrevistas e formulários com amostras populacionais ou públicos bem especificados, buscam levantar informações sobre grupos, como sexo, faixa etária e escolaridade, além de visar a identificar opiniões, atitudes e crenças dos pesquisados. São as mais demandadas por organizações e políticos.

Nesse campo estão as pesquisas que o senso comum identifica como "quantitativas", muito utilizadas em períodos eleitorais, que buscam apurar e quantificar dados por meio de técnicas estatísticas. Essas sondagens produzem um "retrato" de certo fenômeno/grupo/comportamento por meio de números/porcentagens.

O terceiro grupo de pesquisas apontado por Gil (*ibidem*, p. 42) é a "explicativa". Essas sondagens buscam "identificar os fatores que determinam ou que contribuem para a ocorrência dos fenômenos". Para o autor, elas tornam mais densos os conhecimentos sobre a realidade, pois explicam os porquês, as razões das coisas.

Salientando o desafio de fazer esse tipo de pesquisa, Gil aponta que o risco de cometer erros é maior com relação às outras tipologias. As pesquisas explicativas se assentam basicamente na observação de grupos socioeconômicos e culturais ou de comportamentos específicos relacionados com o tema em investigação.

É na interseção entre o primeiro e o terceiro grupo de sondagens (experimental e explicativo) que se podem incluir as famosas pesquisas qualitativas, muito usadas por organizações e personalidades diversas para ampliar o conhecimento acerca de seus públicos-alvo, para chegar às razões e aos porquês de determinado fenômeno/comportamento.

De acordo com Vieira e Tibola (2013, p. 9), as pesquisas qualitativas vêm sendo cada vez mais utilizadas "para desvendar os pensamentos e as motivações mais subjetivas dos consumidores", em confronto com "os métodos estatísticos tradicionais empregados pela pesquisa quantitativa".

Os autores relatam como as principais razões para lançar mão de uma pesquisa qualitativa os seguintes motivos: "Alcançar a compreensão de determinadas razões, determinar o grau de preferência dos consumidores em relação a marcas concorrentes, descobrir motivações subjacentes, desenvolver uma compreensão inicial de um problema" (*ibidem*, p. 12).

Salientando que essas sondagens são um importante suporte para a tomada de decisões, esses autores reportam que pesquisa qualitativa pode ser definida como "uma técnica de pesquisa não estruturada, exploratória, baseada em pequenas amostras, que proporciona *insights* e compreensão do contexto do problema que está sendo estudado", com o objetivo claro de "compreender o que está na mente do consumidor" (*ibidem*, p. 11).

Vieira e Tibola registram que as pesquisas qualitativas devem compor um quadro maior de diagnóstico de públicos-alvo, evitando-se utilizá-las como o único fator para as conclusões finais sobre determinada questão.

Sempre buscando levar os entrevistados a revelar ou expor os seus pensamentos e crenças mais "profundos", as pesquisas qualitativas são divididas, pelos autores, entre: entrevistas em profundidade, grupos de foco, técnicas projetivas, observação, Zaltman Metaphor Elicitation Technique (ZMET), *autodriving* e filmes.

A "entrevista em profundidade" consta de "uma entrevista não estruturada, direta, pessoal, em que um respondente de cada vez é instado por um entrevistador altamente qualificado a revelar motivações, crenças, atitudes e sentimentos sobre determinado tópico" (*ibidem*, p. 13). No início, as perguntas são genéricas, para, em seguida, o entrevistado ser instado a falar livremente sobre o tema específico.

Os "grupos focais" constituem a ferramenta mais importante no grupo das qualitativas. Reunindo entre oito e 12 pessoas, em média, com características socioeconômicas e culturais semelhantes, esses grupos são estimulados, com liberdade para todos os integrantes fazerem intervenções, a "debater seus interesses, atitudes, reações, motivos de estilo de vida, sentimentos acerca da categoria de produtos, experiência de uso" (*ibidem*, p. 14), entre outros.

Essas pesquisas, que buscam entendimento aprofundado sobre determinados problemas de comunicação e marketing via discussão de tais questões por representantes dos públicos-alvo, geralmente são gravadas em áudio e vídeo, podendo ainda ser acompanhadas anonimamente por meio de *one-way mirrors* (vidro que permite ver sem ser visto).

Por meio de "técnicas projetivas", os pesquisadores buscam identificar motivações subjetivas, nem sempre claras ou racionais, que mobilizam o comportamento de determinado indivíduo, grupo ou segmento com relação a produtos, serviços, personalidades etc.

Os autores reportam que as técnicas projetivas "partem de um princípio bastante simples: por meio de um estímulo o indivíduo projeta seus aspectos subjetivos, atitudes, comportamento, opiniões etc., o que, por alguma razão, não faria espontaneamente" (*ibidem*, p. 15).

A "observação" é um método de pesquisa focado no exame do comportamento dos indivíduos de determinado público-alvo sem interações verbais (perguntas e respostas, por exemplo).

Ainda segundo Vieira e Tibola, "na pesquisa por observação, o pesquisador efetua um registro sistemático de dados, de comportamentos, de fatos e de ações, a fim de obter subsídios sobre determinado fenômeno que está sendo estudado" (*ibidem*, p. 16).

A Zaltman Metaphor Elicitation Technique (ZMET), dizem os autores, é "qualitativa de caráter híbrido que direciona os entrevistados a coletar e edificar metáforas (imagens figurativas que representam alguma outra coisa) com produtos ou compras, baseados na técnica projetiva" (*ibidem*, p. 17), lançando-se mão de áudios, vídeos e fotografias.

Unindo saberes distintos, mas complementares no intuito de fazer um "mapa de consenso do pensamento do entrevistado", a ZMET se sustenta em conceitos e práticas da "neurociência cognitiva, neurobiologia, psicolinguística, sociologia visual, antropologia visual, semiótica, fototerapia, artes" (*ibidem*, p. 18).

Nesse processo, segundo reportam os autores, a ZMET contribui à compreensão de como inconsciente e consciente trabalham juntos para: "(1) criar necessidades; (2) influenciar o

OS PÚBLICOS JUSTIFICAM OS MEIOS

critério pela satisfação deles; (3) formar a experiência da satisfação das necessidades; e (4) expandir os julgamentos sobre essas experiências" (*idem*).

A pesquisa visual, ou *autodriving*, consiste na busca de uma leitura (comentários, opiniões, conclusões) dos próprios pesquisados acerca de seus comportamentos e atitudes quando confrontados com registros audiovisuais (fotos, vídeos) feitos do seu cotidiano/ações.

É um método pelo qual os pesquisados são levados, por meio de fotos e vídeos, a se "assistir", concluindo algo sobre si mesmos que, muitas vezes, por questões subjetivas ou inconscientes, não está claro ou não é passível de narração em uma entrevista comum, por exemplo.

Os autores louvam as potencialidades desse tipo de pesquisa, mas afirmam que se trata de "um novo segmento que necessita de maiores esclarecimentos e investigações no cenário brasileiro. Além de revelar dados interessantes, a técnica carece de maiores refinamentos e questionamentos sobre validade e aplicabilidade" (*ibidem*, p. 22).

Os "filmes" são uma modalidade específica do *autodriving*. A produção de "filmes" oferece maior riqueza de detalhes e possibilidades de exploração de características dos grupos pesquisados. No entanto, os autores salientam que se trata de um método bastante desafiante em função das questões técnicas envolvidas em todas as etapas do processo.

Acerca das pesquisas qualitativas, Vieira e Tibola concluem que esse tipo de sondagem "ajuda no desvendamento de objetos subjetivos que, por sua complexidade, exigem compreensão mais aprofundada dos fenômenos que os envolvem". E observam: "Em alguns casos, de nada adianta uma pesquisa quantitativa sem antes se ter as qualidades para serem quantificadas" (*ibidem*, p. 25).

Falando em complexidade, nada mais atual do que levar em conta as marcas inovadoras da vida contemporânea, principalmente aquelas ligadas à midiatização da vida, conforme já discutido, para tentar conhecer um pouco mais os interlocutores-alvo.

Dessa forma, num cenário em transformação, deveras desafiante, as tecnologias de informação e comunicação (TICs) não só se colocam como lugar de oportunidade para ações de comunicação, como também se instituem como fonte de informações importantes sobre os públicos de interesse de toda organização cujas interfaces contemplem o ciberespaço[5].

Nessa direção, Crescitelli e Shimp (2012) consideram que a internet se configura como um profícuo "espaço" para pesquisar comportamentos, mapear atitudes e alcançar segmentos específicos de consumidores. "Os sites estão cada vez mais acompanhando o comportamento de escolha on-line por parte de seus usuários, de modo que permitem que os anunciantes direcionem sua propaganda", observam os autores (*ibidem*, p. 89).

Grandes empresas de internet, como provedores de acesso e de conteúdo, sistema de busca, redes sociais etc., conseguem, por meio de uso de tecnologias de bancos de dados e rastreamento, identificar marcas de comportamento, escolhas recorrentes, hábitos, temas de interesse, palavras-chave, entre outras informações que acabam por identificar os usuários por suas preferências.

Esses dados são processados e, como um grande arquivo dinâmico sobre a vida dos internautas, passam a ser negociados com clientes organizacionais e agências de comunicação que desejam estabelecer interfaces com determinados segmentos atuantes no ciberespaço.

Falando do fatal destino das palavras expostas, capturadas e processadas na rede digital para aplicações de fins publicitários, Lanier (2012) mostra bem a lógica intrincada de varredura, mineração, identificação e uso de informações estratégicas sobre usuários da internet.

Segundo o autor, "as palavras serão moídas até se transformarem em palavras-chave atomizadas para ferramentas de busca"

---

5. "Novo espaço de comunicação, de sociabilidade, de organização e de transação, mas também novo mercado da informação e do conhecimento", cf. Lévy (2001, p. 32).

OS PÚBLICOS JUSTIFICAM OS MEIOS

[...] "elas serão copiadas milhões de vezes por algoritmos elaborados para enviar um anúncio em qualquer lugar a alguma pessoa que possa ter algum interesse em algum fragmento do que digo" (*ibidem*, p. 11).

Mas, se os sistemas de mapeamento cibernético do comportamento dos internautas oferecem informações estratégicas para a produção de uma comunicação potencialmente eficaz no imenso universo digital, cuja dimensão e meandros a mente humana sequer pode imaginar, não se pode dizer que tal facilidade esteja livre de polêmica ou debates.

A questão da privacidade, tão exposta num tempo de incessante comunicação midiatizada, tem nesse ponto um fato delicado e controverso. Em verdade, na maioria absoluta das vezes, o usuário não sabe que está sendo vigiado 24 horas por dia, ignora que seus "passos" ou cliques digitais estão sendo monitorados, não se apercebe de que seu comportamento está sendo "escaneado". E tudo isso com fins comerciais.

No mais das vezes, o preço pago pelos internautas para obter respostas assertivas, prontas e rápidas à solicitação de informações, inclusive por meio de conteúdos publicitários, é a invasão de seu universo digital particular, de modo insidioso e esperto, por parte de grandes conglomerados informacionais e agências especializadas de comunicação.

Enfim, a questão da privacidade sempre atravessou os debates sobre o caminhar do processo civilizatório. Neste atual momento histórico, com tantas e inéditas possibilidades tecnológicas de exposição, mas também de monitoramento, vivemos uma radicalização, seja da invasão da privacidade, seja da discussão sobre o tema.

A exemplo de outros países, no Brasil há discussões no âmbito legal para tornar, por meio de legislação específica, o consumidor proprietário de suas informações pessoais – por mais estranho e desnecessário que isso possa soar, tendo em vista que parece ser indiscutível e inquestionável a posse desse tipo de conteúdo.

Trata-se de proteger o que seria a *persona* midiática em suas transações comerciais e sociais nas inúmeras redes às quais estamos conectados atualmente, impondo limites e regras para acesso e uso de dados pessoais por terceiros.

O fato é que grandes empresas de tecnologia de informação e comunicação, especialmente da internet, ao captar a atenção dos usuários com seus conteúdos e aplicativos multiuso, estão também recolhendo dados que serão usados por outros no processo de busca e manutenção da atenção acerca de seus produtos, serviços, projetos, enfim, de suas mensagens e narrativas comunicacionais disponibilizadas na grande e densa rede digital por onde circula boa parte da população do planeta.

## "DIETA" COMUNICACIONAL

Por meio das pesquisas para conhecer ou mesmo estabelecer públicos-alvo de interesse organizacional e suas segmentações, também se podem e devem apurar informações estratégicas acerca dos hábitos comunicacionais desses contingentes. Aliás, esse deve ser um objeto muito claro e evidente desse tipo de pesquisa.

Nessa direção, é preciso fazer um denso mapeamento das rotinas e protocolos comunicacionais dos públicos-alvo. Uma pesquisa relevante sobre cada estrato dos públicos de interesse organizacional apura, entre outros, dados sobre:

1. Quais mídias são utilizadas para receber, repercutir e compartilhar informações e opiniões (rede de mídias dos utilizadores).
2. Qual a rotina e o formato desses usos (local de acesso, tempo investido etc.).
3. Qual a ordem de relevância no elenco de mídias utilizadas.
4. Quais os objetivos de acesso às mídias (entretenimento, trabalho, informação etc.).
5. Quais são os assuntos de interesse.
6. Qual o nível de disposição para participação/interação/colaboração em processos de comunicação dialógica.

7. Quais as fontes/meios preferidos para acesso de informação decisiva no cotidiano familiar, comunitário e profissional.

Enfim, essa lista contempla apenas as questões básicas de um diagnóstico mais aprofundado acerca da "dieta" comunicacional dos públicos de interesse organizacional. De acordo com as especificidades de cada assessorado, podem e devem ser feitas perguntas que levem a um conhecimento mais acurado dos hábitos de cada grupo, permitindo uma comunicação customizada ao máximo possível, portanto mais precisa.

Essas informações acerca da "dieta" comunicacional dos públicos-alvo e seus segmentos podem e devem ser conjugadas com os dados apurados pelos filtros da segmentação (comportamental, psicográfico, demográfico e geodemográfico).

Com essa estratégia, a comunicação organizacional como um todo e, especificamente, a interlocução customizada terão muito mais chances de êxito.

Ainda sobre os aspectos da contingência comunicacional dos públicos de interesse, é preciso considerar duas questões essenciais. Primeira: a comunicação organizacional lida com uma série de públicos-alvo que são segmentados, mas não insulados.

Além de ser potencialmente alcançados por diversas modalidades de comunicação organizacional, muitas vezes não dirigidas a eles especificamente, os grupos ainda navegam por redes digitais que extrapolam os limites tradicionais de suas "categorias", conforme já alertado.

Tal complexidade só reforça a necessidade de uma comunicação customizada. Mas não apenas isso. A diversidade de públicos, com sua imensa capacidade de intercomunicação (trocar mensagens entre si) e acesso a variados conteúdos, só confirma a importância de trabalhar com fidelidade ao posicionamento definido pela Coer.

É importante entender que os diversos públicos-alvo de uma organização mantêm interlocução entre si e recebem mensagens de variadas fontes, de sorte que é preciso fazer uma comunicação fundada em um só posicionamento e sem contradições. As mídias e as narrativas podem ser diferentes, mas devem seguir o mesmo objetivo de imagem institucional.

Profundo conhecimento dos públicos-alvo, com customização e comunicação multiplataforma, sim, mas de forma coerente à imagem organizacional que se projetou e se busca a cada gesto alcançar com todo conteúdo gerado e disponibilizado.

Segunda questão a se remarcar: os públicos, além de receptores, são emissores e prezam por uma comunicação dialógica, em mão dupla. As organizações precisam falar, mas também devem saber ouvir, colocando à disposição canais e pessoal apto a essa interface participativa.

Como se pode perceber, esses dois pontos acabam fazendo a ponte entre os tópicos de discussão sobre o "endereço certo" e os "conteúdos de interesse". Mas, já tendo discutido até aqui as formas de chegar ao endereço e ao destinatário certos, a discussão mais aprofundada do desafio dos conteúdos *tailor-made* fica para o próximo capítulo.


## CONTEÚDO DE INTERESSE

Há um velho ditado que diz: "Em Roma, como os romanos". Ou seja, em meio a um público específico, fale a língua dele, aja de acordo com seus costumes, "converse" sobre o que lhe interessa.

Enfim, esteja atento e se esforce para conquistar e manter a sua atenção com uma aproximação que seja interessante e tenha eco, garantindo a manutenção da interface. Conforme salientam Pulizzi e Barrett (2009, p. 5), é preciso criar "conteúdo próprio, de valor e relevância, para permitir aos clientes se juntar à conversa".

Nesse esforço de comunicação conciliatória e com alto poder de criar vínculos dialógicos dinâmicos, duradouros e intensos, é imprescindível conhecer as características gerais do interlocutor, questão discutida no item anterior.

No âmbito desse mapeamento, feito com pesquisas profissionais, entre outros, deve ficar muito claro quais são os temas de interesse dos públicos-alvo organizacionais, e também a melhor forma de comunicá-los.

Esse "saber" acumulado sobre as preferências temáticas do interlocutor deverá ser conjugado com os temas organizacionais com vistas à produção de conteúdo de interesse, que desperte, capte e mantenha a atenção dos destinatários da comunicação organizacional.

É necessário apurar temas de interesse dos públicos-alvo para elaborar, customizadamente, conteúdos de seu interesse, constituindo-se abordagens de valor para os públicos de determinada organização ou personalidade.

Importante observar que, nessas narrativas, muitas vezes, a alusão direta à organização nem deve ser a prioridade, assim como não se prescreve dedicar a maioria das pautas a temas organizacionais. Ademais, esses assuntos podem estar "diluídos" em pautas diversas, e não apenas naquelas de origem organizacional.

É necessário compreender que os ganhos de imagem não se dão apenas por meio de abordagem direta de temas organizacionais. Além dos resultados positivos da inserção de questões institucionais em narrativas do cotidiano do público-alvo, o simples fato de uma organização patrocinar a veiculação de conteúdo de interesse de seus interlocutores já rende simpatia por parte destes.

Enfim, a mídia customizada tem de tocar o cotidiano dos públicos-alvo para, também dessa forma, as organizações chegarem ao seu dia a dia, seja falando de si mesma, direta ou indiretamente, seja falando de temas de interesse de seus parceiros.

Falando da produção de conteúdo customizado, Pulizzi e Barrett (2009, p. 15), que nomeiam tal iniciativa como "marketing de conteúdo", afirmam que "o segredo do marketing de conteúdo é colocar você no pé do consumidor para perceber as oportunidades de simplificar e melhorar a vida dele". E recomendam "usar no seu material de marketing as mesmas palavras que os clientes usam em suas consultas de pesquisa. Quanto mais sintonizado você estiver com seu cliente, mais fácil esse processo se torna" (*ibidem*, p. XV).

Explicitando que pode até ser fácil falar, mas é bem difícil fazer comunicação customizada, em razão das mudanças de mentalidade requeridas pelo processo, esses autores afirmam que "marketing de conteúdo é a arte de entender exatamente o que os seus clientes precisam, para, conhecendo-os, lhes fazer entregas de uma maneira relevante e atraente" (*ibidem*, p. XVII).

E os ganhos de imagem são significativos porque, "uma vez que você entrega conteúdo de relevância, você se torna uma fonte confiável. Marketing de conteúdo permite às companhias construírem um nível de confiança junto a seus clientes que lhes torna mais fácil o consumo", consideram Pulizzi e Barret (*ibidem*, p. XVIII).

Mas, antes de seguir na discussão sobre o enfrentamento desse desafio, parece importante reforçar e adensar algumas orientações já apresentadas ao longo deste livro acerca dos cuidados que se devem tomar na formulação e implementação de uma rede de mídias customizadas no âmbito da Coer.

Falando em rede, eis a primeira observação crucial. Em tempos de comunicação em rede, como se destacou no primeiro capítulo, é preciso constituir mídias customizadas em diferentes formatos, seguindo a "dieta" dos públicos-alvo.

Por exemplo, se determinado grupo costuma ler jornal, ver TV e acessar a internet, a estratégia organizacional para se comunicar com ele tem de prever um diálogo que contemple essas três plataformas, com conteúdo de interesse para todas elas.

Quanto a conteúdos, também é preciso ficar atento à coerência que deve existir entre as diversas mensagens produzidas para diferentes suportes e o posicionamento único que as organizações buscam mostrar a seus públicos.

A comunicação de nicho ou segmento não pode ser insulada, descolada da comunicação institucional, até porque os públicos diferentes conversam entre si. É preciso muita coerência para trabalhar uma mesma imagem, com públicos diversos, por intermédio de meios e conteúdos (mídias) diferentes.

O produto desse desafio é chamado por Jenkins (2008) de narrativa transmidiática. Esse pesquisador estuda o quadro geral da comunicação na atualidade, mas o conceito que sustenta sua análise pode ser aplicado à comunicação organizacional estratégica em rede e suas mídias customizadas.

Nesse sentido, para Jenkins, uma história transmidiática se "desenrola através de múltiplos suportes midiáticos, com cada novo texto contribuindo de maneira distinta e valiosa para o todo. Na forma ideal de narrativa transmidiática, cada meio faz o que faz de melhor" (*ibidem*, p. 135).

Com cada um dos meios utilizados pelo público-alvo sendo explorado ao máximo quanto às suas potencialidades comunicacionais, devem ser produzidos conteúdos que "dialoguem" entre si, constituindo uma comunicação coerente em termos simbólicos (posicionamento) e articulada em várias plataformas complementares.

Esse desafio de produzir conteúdos customizados para diferentes meios se torna ainda mais complexo quando se tem em conta que, no âmbito das mídias customizadas, é preciso considerar de forma bastante evidente o interesse temático do público-alvo.

Assim, além de garantir uma coerência discursiva em diferentes canais, considerando o posicionamento organizacional, é preciso ficar atento para não perder o rumo ao se esforçar em contemplar o interesse dos interlocutores na pauta da comunicação organizacional.

Há ainda dois outros tópicos importantes a serem remarcados: atualização e participação. Uma das bases que sustentam o ritmo frenético da vida contemporânea é o chamado "tempo real". Trata-se de uma percepção de passagem do tempo ritmada pela alucinante capacidade de atualizações comunicacionais de variadas naturezas possibilitada pelas TICs, ao sabor dos interesses capitalistas de renovação constante de hábitos e de multiplicação do consumo.

Vivemos uma temporalidade que reduz o presente ao instante, tendo sido criada uma cultura de ânsia pelo novo, uma vertigem de atualizações. Para Bauman (2008, p. 46), vivemos na era do tempo "pontilhista", "marcado pela profusão de rupturas e descontinuidades, por intervalos que separam pontos sucessivos e rompem os vínculos entre eles".

Promover comunicação organizacional sob a égide dessa temporalidade pontilhista é um desafio. Como criar novidades em ritmo frenético? Como conquistar a atenção em meio a tanta tentação de dispersão e recusa do que não é novidade ou atualização?

Enfim, esse é outro dado a tornar ainda mais complexa a tarefa de comunicar na vida atual. Evidentemente que os gestores de comunicação não devem fazer loucuras para produzir novidade em ritmo desvairado, correndo o risco da repetição e tropeços outros.

Mas é preciso, como nunca antes, buscar meios de oferecer conteúdo sempre atualizado, considerando as peculiaridades das plataformas técnicas em uso – o conteúdo de um jornal impresso tem duração bem diferente de material publicado em um blogue, por exemplo – e também o ritmo do público-alvo em questão.

No tempo da web 2.0 e suas mídias e redes sociais, é praticamente impossível não se prestar muitíssima atenção à "cultura da participação" que, segundo Shirky (2011), instalou-se na rede e também para além dela.

Para esse autor, "não só a mídia social está em novas mãos – as nossas –, como também, quando as ferramentas de comunicação estão em novas mãos, elas assumem novas características" (*ibidem*, p. 38). A principal marca desse novo tempo tecnológico, com reverberação em todos os âmbitos da vida atual, é a participação.

Participação que tem na produção e difusão autônoma de conteúdo e também no compartilhamento de mensagens seus grandes sustentáculos, articulando-se entre mídias de massa e mídias de uso pessoal, conforme já visto.

Para Jenkins (2008), a era da interação já está sendo superada pela cultura da participação. Ele acredita que a interação presume uma resposta do usuário condicionada às possibilidades técnicas e comunicacionais oferecidas pelo emissor. Algo comum nos primórdios da computação e da internet.

Com os avanços da tecnologia digital, caminhou-se para o paradigma da participação. Sem tantas limitações técnicas, a participação entrou em cena, sendo "moldada por protocolos culturais e sociais".

Segundo o pesquisador, trata-se de uma interface "mais ilimitada, menos controlada pelos produtores midiáticos e mais controlada pelos consumidores de mídia" (*ibidem*, p. 183).

Jenkins fala do desafio da indústria de mídia para lidar com a era da participação, mas, guardadas as devidas proporções, seu raciocínio vale para avaliar o desafio de fazer comunicação organizacional nesse novo paradigma tecnossocial: "Permitir aos consumidores interagir com as mídias sob circunstâncias controladas é uma coisa; permitir que participem da produção e distribuição de bens culturais – seguindo as próprias regras – é totalmente outra" (*idem*).

Nesse novo paradigma, as organizações precisam estar aptas a produzir conteúdos após uma profunda e atenciosa "escuta" dos públicos-alvo, assim como devem estar prontas para lidar com as respostas e demandas surgidas do consumo de tais mensagens organizacionais. As mídias institucionais devem, inclusive, dispor de meios e canais para isso.

No entanto, num processo em que os usuários se apropriam dos conteúdos que acessam e reverberam da forma que lhes parece mais apropriada, a partir de inúmeras possibilidades de interferência e compartilhamento, as organizações precisam estar preparadas para ir além de respostas prontas que sustentam os famosos "Fale conosco" ou SACs da vida.

Os conteúdos que se veiculam nas mídias customizadas, além de surgir do diálogo entre os temas de interesse dos públicos-alvo e os temas organizacionais, devem oferecer meios que garantam a expressão e a contribuição da audiência, interativa ou participativamente.

Nem precisa dizer, mas não custa salientar: não basta que se coloquem meios técnicos e espaços de interação e participação, as contribuições por eles recebidas devem ser processadas (divulgadas, editadas, respondidas, enfim, reverberadas) por profissionais capacitados e atentos às respostas dos públicos-alvo.

As redes sociais são o lugar de excelência para essa participação do público, seja a partir de conteúdos ali publicados, seja ecoando mensagens que circularam em outras mídias, inclusive as off-line.

Mais: nesse movimento, as "conversas" podem tanto ficar restritas aos temas pautados pela organização quanto extrapolar as sugestões organizacionais. Tal fato exige muito preparo, conhecimento organizacional, rapidez e capacidade de interlocução dos gestores de comunicação.

Enfim, todas essas questões mostram o quão desafiador é fazer comunicação na atualidade. Antes de avançar na discussão sobre as especificidades dos conteúdos de interesse, vale recapitular o que se recomendou acerca de tais mensagens:

1. Respeito ao princípio geral de que as mídias customizadas devem ser absolutamente compatíveis com o universo comunicacional dos públicos-alvo.

2. Diálogo entre os temas de interesse dos usuários e os temas organizacionais, produzindo conteúdo de valor agregado para tais audiências, mas também com ganhos simbólicos para as organizações.

3. Distribuição de conteúdos em uma rede de mídias organizacionais, respeitando-se a "dieta" de comunicação dos públicos-alvo.

4. Coerência com posicionamento trabalhado pelo conjunto da Coer em busca de uma imagem única, ainda que com públicos diferentes e mídias diversificadas.
5. Atualização de conteúdo em ritmo compatível com os costumes dos públicos.
6. Abertura à participação, à interação e ao diálogo com o público-alvo, inclusive no tocante à produção de conteúdos.

Ainda com a intenção de se alertar para os cuidados no planejamento e na execução de uma estratégia de comunicação customizada, apresenta-se, a seguir, a "fórmula BEST – uma abordagem estruturada para a criação de um roteiro de marketing de conteúdo", de Pulizzi e Barrett (2009, p. 27).

Para esses autores, a fórmula BEST, um acrônimo formado pelas letras iniciais das palavras em inglês comportamental (*behavioral*), essencial (*essential*), estratégico (*strategic*) e direcionado (*targeted*), "é um guia simples que se pode utilizar para desenvolver e implantar uma estratégia bem-sucedida" (*idem*).

Os especialistas indicam a aplicação da fórmula, dizendo que ela "simplifica um processo complicado", transformando a ação de marketing de conteúdo em:

- Comportamental (*Behavioral*): "Tudo que você comunica a seus clientes tem um propósito. O que você quer que eles façam?"
- Essencial (*Essential*): "Fornecer informações realmente necessárias ao sucesso no trabalho ou na vida dos clientes".
- Estratégico (*Strategic*): "Seus esforços de marketing de conteúdo devem ser uma parte integrante da sua estratégia global de negócios".
- Direcionado (*Targeted*): "Você deve direcionar seu conteúdo exatamente para o que é verdadeiramente relevante a seus clientes".

## TIPOS DE NARRATIVA

Interativas, no mínimo. Participativas, quando possível, para não dizer sempre. E, sem dúvida alguma, relevantes em todas as emissões! Em resumo, esses devem ser os predicados das narrativas customizadas.

Mas comecemos do básico: o que é uma narrativa? Segundo o Dicionário Houaiss (2009, p. 1342), entre outros, "ação, processo ou efeito de narrar; narração; exposição de um acontecimento ou de uma série de acontecimentos mais ou menos encadeados, reais ou imaginários, por meio de palavras ou de imagens; o modo de narrar".

Depois da definição conceitual, outra questão: que tipo de narrativa pode ser utilizada na elaboração de conteúdo organizacional? Podem e devem ser utilizadas, de acordo com a especificidade de cada caso (demanda comunicacional, público-alvo etc.), todas as narrativas clássicas do campo da comunicação (as de naturezas jornalística, publicitária e de entretenimento, principalmente).

Vale dizer que, no âmbito de uma sociedade marcada pela midiatização, e ainda dinamizada pelo avanço e pela popularização das TICs, essas narrativas estão se misturando, produzindo mensagens que mesclam informação e entretenimento (infoentretenimento), publicidade e informação (publieditorial), e publicidade e entretenimento (*advertainment*), disponíveis nos mais variados formatos e suportes on e off-line.

Transportadas ou utilizadas no campo da comunicação organizacional, com vistas a constituir mídias customizadas, tais narrativas dão origem ao que aqui se chama de conteúdo de interesse. A seguir, as características das narrativas que podem ser utilizadas nesse processo.

### Jornalismo

A narrativa jornalística é das mais consagradas no processo de comunicação mundo afora. Seu objetivo básico é informar. De

OS PÚBLICOS JUSTIFICAM OS MEIOS

forma direta, com pouca adjetivação, ela se estrutura, fundamentalmente, a partir da resposta às seis perguntas (o que, quem, como, quando, onde, por quê) do lide, ou parágrafos iniciais com as informações mais importantes sobre certo fato.

Nesse contexto, ela pode ser constituída por meio de nota – pequeno relato sobre algo que está acontecendo ou que se anuncia –, notícia – relato com, minimamente, todas as informações do lide, abordando assunto de relevância para a audiência –, reportagem (relato em profundidade, com informação e interpretação, de um fato importante), entrevista e artigo (opinião), entre outros gêneros jornalísticos clássicos.

Trata-se de uma narrativa, no âmbito do jornalismo informativo, percebida como "neutra, objetiva e imparcial", ainda que esses parâmetros sejam considerados por estudiosos do tema apenas como ideais a serem buscados no dia a dia do trabalho jornalístico.

Polêmicas à parte, o fato é que o jornalismo se coloca como uma das narrativas de maior credibilidade e índice de consumo no mundo contemporâneo, numa tradição que se firmou a partir de meados do século XIX.

A sustentação dessa credibilidade deriva, de acordo com Zelizer (1992, p. 8), do fato de os jornalistas se afirmarem como "porta-vozes legitimados e confiáveis dos eventos da '"vida real'". Por meio de um contrato tácito com a sociedade, eles exercem a chamada "autoridade jornalística" para produzir e fazer circular "interpretações legítimas acerca do mundo, [...] "suas versões particulares das atividades da 'vida real'" (*idem*).

Na análise da credibilidade dessa narrativa, é de registrar, também, que a matéria-prima desse tipo de mensagem são fatos concretos com alguma relevância para determinada comunidade. Tal condição lhe confere centralidade na observação da vida cotidiana feita por cada um.

Nesse sentido, para um acontecimento virar notícia, ou seja, transformar-se numa narrativa jornalística, ele precisa ter o que se chama de valor-notícia, ou atributos intrínsecos que o tornem noticiável, por ser interessante à audiência.

No caso das organizações, ao se utilizar uma narrativa jornalística para se comunicar institucionalmente, é preciso que os gestores de comunicação tenham como critério básico os interesses dos públicos-alvo na hora de definir o que é notícia – é necessário ter um elenco de valores-notícia organizacionais. A lista de critérios para essa decisão (valores-notícia) é grande e varia de acordo com os autores. A seguir, apresentam-se os mais relevantes, segundo Traquina (2005):

- Notoriedade: um fato que envolve autoridades de quaisquer áreas ou celebridades tem muitas chances de interessar ao público e, portanto, de virar notícia.
- Proximidade: fatos que tenham proximidade cultural (costumes, crenças etc.) ou geográfica com determinada audiência jornalística são impositivos na pauta dos veículos de comunicação a ela destinados.
- Relevância: fatos que tenham impacto (social, econômico, político ou cultural) na vida das pessoas são notícia na certa.
- Tempo: a atualidade é outro valor que torna uma ocorrência noticiável. Um fato é atual porque ocorre no momento presente, diz respeito a algo que está em debate corrente, ou se remete ao "aniversário" de um acontecimento que tenha marcado a vida de uma comunidade (morte, desastre, inauguração etc.).
- Notabilidade: o caráter tangível, visível, manifesto de alguma ocorrência é ponto favorável para torná-lo noticiável. Daí o jornalismo estar "mais virado para a cobertura de acontecimentos e não problemáticas" (*ibidem*, p. 82). Entram nesse campo como fatores de atribuição de relevância jornalística a um fato: o número de pessoas nele envolvidas; a "inversão" que ele expõe, ou o contrário do considerado "normal", o exótico; o seu caráter insólito; o excesso ou a escassez que ele evidencia acerca de algo que é importante para a comunidade.

OS PÚBLICOS JUSTIFICAM OS MEIOS

- Inesperado: novidades, fatos surpreendentes a determinada comunidade são notícia em qualquer lugar do mundo.
- Conflito ou controvérsia: acontecimentos que representam disputas as mais diversas, desde pontos de vista e debates até casos de violência, chamam a atenção de jornalistas.
- Infração: transgressões ou violações de regras rendem fatos noticiáveis. Nessa categoria, as ocorrências de grandes proporções e amplo alcance, os escândalos, são notícia impositiva.
- Morte: desastres, assassinatos, enfim, qualquer evento que ocasiona vítimas fatais é notícia. Há um ditado que diz: "*bad news, good news*". Sem tanto exagero, o jornalismo também se ocupa de dar as notícias que jamais se desejaria ver publicadas, mas que se impõem por sua relevância e significado.

Traquina também considera alguns outros critérios de seleção de notícias, ligados ao processo de produção da notícia em si. Isso porque um fato só é noticiável se ele estiver em condições de ser registrado, investigado e apurado, além de ter elementos materiais que o comprovem e, assim, constituam a sua narração. Nessa categoria de valores-notícia, entre outros, estão:

- Disponibilidade: "a facilidade com que é possível fazer a cobertura do acontecimento" (*ibidem*, p. 88).
- Equilíbrio: os jornais buscam equilibrar seu noticiário, guiado sempre pela novidade. Notícia repetida ou em excesso, salvo casos de tragédias ou escândalos, geralmente sai da pauta jornalística.
- Visualidade: acontecimentos com registros visuais (fotos, vídeos) têm grande chance de se tornar notícia. Imagens de boa qualidade podem ser determinantes na hora da escolha.
- Concorrência: o jornalismo é uma atividade que se desenvolve num campo de muita concorrência. Assim, oferecer notícia exclusiva, ou "furo" no jargão específico, é meta constante.

É preciso considerar que nem tudo que é notícia para a grande imprensa é notícia de veículos jornalísticos organizacionais. Além disso, ainda que um mesmo fato seja pertinente a ambos os campos, a abordagem pode ser diferente, em um e outro caso.

O filtro do valor-notícia deve ser aplicado no início do processo de seleção dos fatos que podem se tornar noticiáveis pela organização. Mas, em seguida, é preciso que haja outros filtros, principalmente o do posicionamento organizacional, conceito que é peça-chave para a formação da imagem pública de uma instituição ou personalidade.

Por fim, é necessário salientar que, no processo de decisão do que será noticiado, é de suprema importância considerar um dos fundamentos do raciocínio que norteia este livro: a produção de conteúdo de interesse.

É preciso que, na escolha da pauta jornalística organizacional, priorizem-se fatos que sejam de relevância tanto para a organização quanto para os seus públicos-alvo.

As matérias (notas, notícias, reportagens, entrevistas, artigos etc.) devem funcionar como uma espécie de "ponto de encontro" entre organização e público-alvo, numa "conversa" sobre temas que alcancem os dois lados.

### Publicidade

Se o objetivo da comunicação organizacional for persuadir (convencer alguém sobre algo, fazer acreditar, influenciar decisões etc.), a narrativa preferencial deve ser a publicitária.

As mensagens publicitárias, apesar de seus inúmeros meios de veiculação, apresentam como funções principais, segundo Crescitelli e Shimp (2012, p. 170): "informar, influenciar, relembrar e aumentar o destaque, agregar valor e auxiliar os outros esforços da empresa".

Existe um aforismo bem antigo e difundido, mas sem autoria clara, que define a publicidade como "aquilo que promove o desejo do que se necessita e a necessidade daquilo que se deseja".

Nesse sentido, Sant'Anna (2002, p. 84) afirma que a publicidade, "provocando emoções nos indivíduos, cuida de impulsionar seus desejos latentes com tanta força que eles mesmos se sentem impelidos a trabalhar para satisfazê-los".

Quessada (2003) registra que a publicidade direta ou de patrocínio quer levar o consumo e as marcas a todos os instantes da vida cotidiana, oferecendo um vasto quadro de papéis e personagens possíveis a quem compra e usa.

Ela se torna um verdadeiro referencial para a formação de identidades, seguindo a lógica do "sou o que consumo". Moraes (2006, p. 39) afirma que, sob essa lógica, "os sentidos de pertencimento deslocam-se [...] e são delineados por centros gestores do consumo", a partir do norte publicitário.

A publicidade, que nem chega a conformar um processo de comunicação em seu sentido estrito, pois não é discussão, troca de ideias ou confronto de pontos de vista, trabalha para estabelecer territórios – de marcas –, organizando grupos sociais em torno da prática do consumo, registra Quessada.

Como se pode ver, a publicidade, numa sociedade de consumo, tem um papel decisivo como narrativa mobilizadora e referenciadora de comportamentos com relação a organizações, seus produtos e serviços. Isso sem falar no seu uso para a fixação de imagem de personalidades diversas.

Para dar conta de toda essa "responsabilidade" de vender imagens e referências, a publicidade usa uma linguagem mais descontraída, carregada de palavras-chave que remetem ao universo simbólico, emotivo e cultural dos públicos-alvo. Se no jornalismo a objetividade é a marca, aqui a base da narrativa é a subjetividade, ou a realidade psíquica e emocional dos indivíduos.

Conforme destaca Mininni (2008, p. 101), a publicidade vai da persuasão à fascinação, lançando mão de uma narrativa "sobrecarregada de emoções [...] que facilita a tendência à identificação", destacando que não se deve esquecer o "grau de refinamento artístico de alguns anúncios".

A publicidade, que aqui vem sendo tratada como sinônimo de propaganda, apesar das diferenciações que alguns salientam, é um tipo de comunicação basicamente empregada em estratégias mercadológicas, no varejo, essencialmente.

No entanto, ela pode e deve ser usada no âmbito da comunicação organizacional estratégica em rede. Nesse caso, pode ser usada tanto para fins mercadológicos (vender produtos e serviços) como para a promoção da imagem institucional (interna e externamente), o que é muito comum em órgãos públicos.

Vale ressaltar que a linguagem publicitária tem uso frequente nos processos de comunicação político-partidária, promovidos para "vender" a imagem de partidos e candidatos, ou divulgar as ideias por eles defendidas.

Enfim, conforme bem salienta Quessada, a publicidade se tornou um dos discursos mais potentes no atual paradigma socioeconômico e comunicacional, graças a seus atributos narrativos fundados basicamente no universo do simbólico, dos afetos e da emoção.

## Publieditorial

Conforme já ficou claro nesta seção, no âmbito da comunicação, a narrativa jornalística possui uma "autoridade" simbólica histórica, um reconhecido valor como conteúdo credível, portador da verdade dos fatos. Também ficou evidente que a narrativa publicitária tem um alcance e uma eficácia persuasiva ímpares na sociedade do consumo.

A narrativa publieditorial, já consagrada no contexto da comunicação organizacional, busca o melhor desses dois mundos para informar, segundo a objetividade factual do jornalismo, e influenciar mentes com os recursos afetivos do discurso publicitário.

Trata-se de conteúdos destinados geralmente a mídias impressas, mas também presentes em plataformas audiovisuais, que se apresentam com uma formatação (linguagem, estética e pauta) bem aproximada à do veículo jornalístico que os publica.

Como se trata de narrativa de inspiração jornalística, mas veiculada em espaço pago e produzido fora da redação, esse tipo de conteúdo deve vir identificado como "publieditorial". Isso evita confusão por parte do receptor quando à origem e ao objetivo desse tipo de comunicação.

Pode-se dizer que é um "conteúdo-camaleão", que busca se apropriar das características do "cenário" jornalístico em que está inserto para ser percebido como parte integrante dele, ou sendo da mesma natureza.

Mas, muito mais que produzir uma comunicação que seja "familiar" ou adaptada a determinado veículo, o publieditorial busca se "apropriar" da credibilidade que se confere aos conteúdos jornalísticos.

### Entretenimento

Entretenimento rima com passatempo. E é, basicamente, disso que se trata: ocupação ou uso do tempo livre para distração, divertimento, recreação. A definição exata desse tipo de narrativa é difícil e variada, principalmente pelo conjunto vastíssimo de conteúdos, produtos, experiências e *performances* que ela agrega.

Conforme estabelece Gomes (2014, p. 6-7), considerando as diversas variáveis que interferem na percepção atual do termo, algumas vezes negativas, os usos mais comuns do termo "entretenimento" se referem a um valor que "se traduz pela primazia do prazer e dos sentidos", norteando a produção em meios massivos de comunicação, "aí se confundindo com seus produtos: videoclipes, canções, histórias em quadrinhos, telenovelas, filmes, programas de auditório, transmissões esportivas, *reality shows*, entre outros".

Salientando que o investidor em entretenimento "visa ao lucro e à ampliação de seus consumidores, o que permite maior atenção às suas estratégias de produção, circulação e consumo", a pesquisadora propõe a seguinte definição do termo: "entretenimento é um valor das sociedades ocidentais contemporâneas que se organiza como indústria e se traduz por um conjunto de estratégias para atrair a atenção de seus consumidores" (*ibidem*, p. 7). Mininni (2008, p. 164) afirma que, por meio de um variado conjunto de produtos, que vai das novelas e *talk shows*, passando por jogos esportivos e *games*, até quadrinhos, filmes e *reality shows*, a indústria midiática "entretém as pessoas, acima de tudo, porque lhes permite divertir, satisfazer necessidades fundamentais de evasão no fantástico".

Enfim, o entretenimento, visto, na maioria das vezes, como pura diversão, não apenas se tornou a base de um potente negócio das indústrias culturais, como também se colocou como um eficaz meio de comunicar ideias, visões de mundo, posicionamentos etc.

Essa potencialidade tão significativa de influência se estabelece, segundo Mininni (*ibidem*, p. 148), porque o entretenimento postula para as suas formas de comunicação um "ritmo ainda mais envolvente de 'penetrações e extroversões' psíquicas" se comparadas a outros modos de comunicação social.

O apelo ao "prazer lúdico", o foco nos sentimentos e nas emoções, a oferta de experiências afetivas diversas, a leveza das abordagens, entre tantas outras marcas do entretenimento, conferem-lhe uma especificidade comunicativa peculiar e bastante eficiente, tendo em vista que seu destinatário consome suas narrativas com foco na emoção, distanciado o máximo possível da racionalidade.

Pode-se dizer que o espectador ou usuário coloca-se mais "aberto" e até mais "desprovido" de seu arsenal lógico-racional diante das mensagens do entretenimento, por considerar que está se divertindo. Mas, enquanto uns se divertem, outros "vendem" ideias.

Nesse sentido, de forma aparentemente despretensiosa e atraente, com os mais variados recursos midiáticos, o entretenimento passa, de maneira subliminar e insidiosa, um conjunto de referências aptas a modelar ou influenciar determinados comportamentos de seus destinatários.

Numa sociedade hedonista como a atual, que prega a satisfação e a diversão a qualquer custo, na qual a felicidade não só é um possível como precisa ser vivida aqui e agora, o entretenimento é um grande negócio – para auferir lucros e também comunicar mensagens e propósitos os mais diversos, inclusive no âmbito da comunicação organizacional.

## Infoentretenimento

O entretenimento é tão potente como narrativa que extrapola seu campo e alcança outras áreas da comunicação para conformar novos tipos de mensagens, como o infoentretenimento.

Nesse sentido, o infoentretenimento mixa dois campos extremamente centrais à vida atual – o informacional e o lúdico. Em linhas bem gerais, trata-se da união do útil (informação) com o agradável (entretenimento). Informar de forma subliminar e divertida.

Se o propósito for dar uma notícia, prestar uma informação, atualizar dados sobre determinado fato, enfim, fazer circular algum informe sobre questões de variadas naturezas, mas de maneira não tão formal ou tradicional, o caminho é esse tipo de narrativa, bem condizente com o modo de vida e de comunicação atuais.

A crítica ao paradigma comunicacional contemporâneo, com justa razão, aponta os problemas desse tipo de interface. Mas ocorre que a realidade desse "casamento", que dilui as fronteiras claras entre emoção e razão, objetividade e subjetividade, com todas as implicações disso num processo de comunicação, é uma ocorrência em expansão.

Falando de uma sociedade de espetacularização, Mininni (2008, p. 149) diz que o infoentretenimento significa "informação espetacularizada". Nada mais atual, como comprovam, por exemplo, as séries e programas de TV que misturam reportagens com dramatização (realidade com ficção), os *newsgames* (grandes reportagens e notícias editadas em formato de jogos digitais interativos), os livros-reportagem que unem realidade e ficção, e até os próprios infográficos jornalísticos, entre outros.

Segundo Gomes (2014), o *infotainment* se constitui num cenário de globalização e hegemonia neoliberal a partir dos anos 1980, o que levou à consolidação de grandes conglomerados midiáticos, produtores, a um só tempo, de entretenimento e de informação.

A autora salienta que a informação que se mixa ao entretenimento, no geral, não se restringe a conteúdos jornalísticos. Estes são apenas mais um dos produtos informacionais que podem ser veiculados em consonância com ele.

Para Gomes (*ibidem*, p. 6), *infotainment* "carrega um sentido suficientemente amplo de informação para não se restringir à informação jornalística", permitindo-se que sejam constituídos "produtos que não têm qualquer relação com o jornalismo, ainda que não se possa negar que contenham informação no seu conteúdo".

Informar e entreter a um só tempo. Eis uma receita de narrativa que pode ser aplicada aos mais diversos meios e propósitos de comunicação, bastando que também se faça outra interface essencial: criatividade e objetividade comunicativa.

Tal combinação é importante para que não seja perdida, no meio do labirinto de informação e entretenimento, a noção exata do que se quer transmitir numa estratégia ousada de comunicação. Até que ponto a diversão não atrapalha a informação? O quanto de ficção pode ser agregado à realidade sem que se perca a verossimilhança da narração?

Enfim, encontrar o equilíbrio entre informação e diversão, tendo em vista o objetivo primordial de uma comunicação informativa de natureza mais leve e divertida, é o desafio quando se fala em infoentretenimento. Mas vale o investimento e o esforço, pois a receita tem obtido sucesso nas mais diversas mídias.

### Advertainment

Mais uma prova do vigor do entretenimento é a sua mixagem com a narrativa publicitária para criar o que se chama de entretenimento publicitário ou *advertainment*.

São conteúdos híbridos, surgidos da fusão dos propósitos de informar, influenciar, emocionar e envolver afetivamente os públicos-alvo. Enfim, trata-se de persuadir divertindo, de anunciar entretendo.

Segundo Covaleski (2010, p. 49), é "conteúdo publicitário de narratividade e que mimetiza produtos midiáticos de entretenimento". Com essa estratégia, busca-se integrar a imagem institucional à narrativa lúdica, produzindo-se uma comunicação subliminar, portanto mais eficaz.

De pronto, é preciso esclarecer que não se trata de *product placement*, confundido com *merchandising* e muito utilizado no Brasil, com inserção de produtos e logos em conteúdos midiáticos, como novelas, filmes, *games, realities shows* etc.

No caso do *advertainment*, na maioria das vezes, os produtos aparecem de forma indireta, como elemento secundário, ou são lembrados por associações das marcas com cores, números, comportamentos, desenhos, imagens, fotografias etc.

Essas conexões são viabilizadas pela memória que se fixou coletivamente ou por uma imagem institucional já consolidada. Por exemplo, quando se fala de banco, a cor laranja tem endereço certo no imaginário atual brasileiro.

Não se trata do uso de uma estratégia ostensiva como recurso de visibilidade, mas de identificação pelo reconhecimento da inserção "natural" – e por isso, às vezes, nem tão visível – de uma marca no cotidiano em foco.

Até por essa característica de comunicação identificada, sim, mesmo que sutil e leve – mas nem só por isso –, o *advertainment* requer produções específicas em que as marcas façam parte do enredo e não apenas figurem como cenário ou ponto de falas de personagens.

Além disso, são produtos elaborados com o exclusivo fim de divulgar uma imagem institucional divertindo, entretendo. Não se trata de "pegar carona" num conteúdo já pronto que, muitas vezes, tem pouco a ver com a marca em exposição.

A comunicação organizacional pode utilizar o *advertainment* em diversas mídias. Desde jogos de cartela temáticos até filmetes para cinema, TV e internet, passando por músicas e histórias em quadrinhos, chegando a aplicativos diversos para dispositivos móveis.

De toda sorte, assim como na publicidade tradicional, os produtos mais visados são os de audiovisual, como curtas-metragens, microsséries, documentários, videoclipes etc. Tudo com temáticas e abordagens que, de alguma forma, relacionam-se com a marca em questão.

Outro diferencial é que as produções de *advertainment* buscam, antes de tudo, colocar-se como objetos de desejo do público-alvo para o qual foram realizadas.

Assim, em vez de "correr atrás" dos clientes, elas se destinam muito mais a atrair a atenção dos consumidores em função dos seus apelos temáticos, exotismos formais, enredos inusitados, inovações dialógicas etc.

Inclusive, a partir dessa importante potencialidade de interação, participação e compartilhamento, Covaleski (2010) registra a ocorrência de um tipo específico do *advertainment*: "entretenimento publicitário interativo". Trata-se de um "produto resultante das mesclas e interseções entre publicidade, entretenimento e interatividade", define (*ibidem*, p. 148).

Para o autor, são "peças e campanhas que abrem espaço para experiência do público a que se destina tal mensagem. Pressupõe que o receptor irá dialogar, contribuir e expandir o conteúdo disponibilizado a ele" (*ibidem*, p. 54).

Esse tipo de narrativa tem lugar privilegiado na internet e suas redes sociais. Inclusive, muitos dos conteúdos são produzidos a partir da mobilização e da contribuição oriundas das redes digitais, que também são responsáveis por gerar uma almejada e intensa repercussão dentro e fora do ciberespaço.

Segundo Covaleski (*ibidem*, p. 155), essa publicidade se baseia em "uma nova estética, repleta de narrativas transmidiáticas, na

OS PÚBLICOS JUSTIFICAM OS MEIOS

qual há consonância com as exigências dos consumidores contemporâneos e participação ativa das comunidades de conhecimento". Como se vê, o propósito da persuasão publicitária está encontrando novas fórmulas de realização. E é de admitir, apesar da incipiência dessa modalidade de comunicação, que fazê-lo de modo divertido, lúdico e interativo pode representar um marco definitivo na trajetória da propaganda – e também da comunicação organizacional estratégica em rede.

Tendo em vista que um conteúdo não se desvincula do meio que o veicula, sendo mesmo esta dupla – meio e mensagem – a base para o conceito ampliado de mídia que se utiliza neste livro, a seguir apresentam-se as principais plataformas que, em combinação com os diferentes tipos de narrativa, abrigarão e darão fluxo a conteúdos de interesse para os mais diversos públicos-alvo.

### PLATAFORMAS

A despeito de usos consagrados e limitações de cada tipo de meio técnico, as narrativas podem ser veiculadas na maioria das plataformas comunicacionais disponíveis: impressa, audiovisual e digital multimídia.

Aliás, em tempos de comunicação transmidiática, muitos conteúdos, com os devidos ajustes e de acordo com um planejamento prévio, circulam por diferentes suportes de modo integrado e complementar.

Falando nisso, é preciso deixar claro, como bem mostra o paradigma da comunicação em rede já estudado, que as mídias, com o passar do tempo, se reposicionam, ganham novos usos, em vez de simplesmente se extinguir.

Assim, em vez do "velho paradigma da revolução digital", que previa o fim de tudo que não fosse combinação de zeros e uns, Jenkins (2008, p. 39-40) afirma que "os velhos meios de comunicação não estão sendo substituídos. Mais propriamente, suas funções e *status* estão sendo transformados pela introdução de novas tecnologias".

Compreendendo que se tem um amplo conjunto de meios à disposição para trabalhar, a decisão de que narrativa usar e em qual plataforma depende, além das características técnicas de cada uma destas, dos objetivos de comunicação e do público-alvo a que se destinam tais conteúdos.

Trata-se de uma decisão estratégica que exige profundo conhecimento dos hábitos comunicacionais dos destinatários das mensagens, como já discutido anteriormente. É o caso de fazer pesquisas em profundidade acerca da "dieta" comunicacional dos interlocutores organizacionais.

Sobre as possibilidades, usos correntes e restrições de cada suporte, geralmente a prática e a formação técnica dos profissionais da comunicação fornecem elementos para a melhor decisão.

No entanto, a seguir, apresentam-se, em linhas gerais, alguns pontos que podem ser úteis na hora da escolha das plataformas de comunicação a serem usadas em cada estratégia.

## Impresso

Pelo menos desde a prensa de Gutenberg (1450), os suportes impressos ganharam lugar de destaque em nossa cultura. Passaram pelo advento e expansão da radiodifusão e, apesar de toda a proeminência dos meios digitais, mantêm-se como alternativa pertinente e eficaz para a comunicação.

Ao longo de séculos funcionando como suporte principal de difusão de saberes e conhecimentos, os impressos, especialmente os livros, mas também os jornais, ganharam posto de referência quando o assunto é veiculação e preservação de informações.

Portáveis, refinados, rústicos, sofisticados, simples, em cores, em preto e branco, especiais, opacos, brilhantes, lisos, ásperos, descartáveis, relíquias... De mil formas possíveis, nos últimos séculos, os impressos passaram a integrar o imaginário acerca da cultura como lugar de "encontro" com o que é importante, relevante ou simplesmente útil ao cotidiano.

Como a comunicação não é apenas o meio técnico, mas também os protocolos, usos, apropriações e práticas socioculturais que se estabelecem em torno de determinada tecnologia de comunicação (Jenkins, 2008, p. 39), o papel se mantém para além dos encantamentos, facilidades e novidades da era digital. Os mais apressados usam o argumento comparativo – como se pudessem comparar meios e usos tão distintos – para dizer que o papel/impressão desaparecerá diante dos suportes digitais.

Como a melhor forma de tentar enxergar o futuro é ler o passado, e ainda com uma boa dose de racionalidade, fica a lição do precedente: os humanos são bem mais devotados aos reposicionamentos do que às simples substituições.

Para certos usos, sem dúvida a impressão deixará de ser a mais rentável ou prática opção – se esses forem os parâmetros mais importantes para a decisão acerca de que meio usar. No entanto, há produtos que não poderiam existir sem o charme, a qualidade, a portabilidade, o senso de posse e os apelos charmosos de impressos encantadores.

Numa defesa inteligente, racional, mas também passional do livro, Umberto Eco (2010) conceitua a "memória vegetal", ou a impressão em papel, como uma experiência que vai além do acesso a dados e informações. Aos "senhores" que defendem que "os novos meios de informação vão matar o livro", Eco (*ibidem*, p. 31) deixa bem escrito, e impresso:

> O ritmo da leitura acompanha o do corpo, o ritmo do corpo acompanha o da leitura. Não se lê apenas com o cérebro, lê-se com o corpo inteiro, e por isso sobre um livro nós choramos, e rimos, e lendo um livro de terror se nos eriçam os cabelos na cabeça. Porque, mesmo quando parece falar só de ideias, um livro nos fala sempre de outras emoções, e de experiências de outros corpos. E, se não for somente um livro pornográfico, quando fala de corpos sugere ideias. Tampouco somos insensíveis às sensações que as polpas dos dedos experimentam ao tocá-lo, e certos infelizes experimentos feitos com encadernações ou até páginas de plástico nos dizem o quanto a

leitura é também uma experiência tátil. Se a experiência do livro ainda os intimida, comecem, sem temor, a ler livros no banheiro. Descobrirão que também os senhores têm uma alma.

## Audiovisual

Assim como o século XV está para a história da impressão em escala, o século XX está para a difusão do audiovisual. Rádio e televisão, dois dos maiores ícones da radiodifusão, são mídias que ajudaram a produzir a história dos últimos 100 anos.

Segundo Montoro (2009, p. 32), é a partir do século XX que se registra "a verdadeira revolução na comunicação com o aprimoramento da tecnologia na difusão de mensagens e imagens". Tal fato possibilitou o surgimento de um tipo específico de cultura, "a cultura de massa", analisa.

Para a pesquisadora, o audiovisual equivale a "sistemas, meios, veículos ou processos que se expressam numa linguagem que reúne imagem, som e eventualmente escrita, num envolvimento global de todas as linguagens" (*ibidem*, p. 31).

As narrativas audiovisuais incluem filmes cinematográficos e televisivos, emissões de rádio, programas de TV, videoclipes, animações, entre outros, tendo como meios de divulgação projetores, CDs, DVDs, *blu-ray*, aparelhos de rádio e de TV, computadores, *smartphones*, *tablets* etc.

Na era da imagem – entendida como representação icônica, fixa ou em movimento, de fatos, pessoas, acontecimentos etc. –, o audiovisual tem uma centralidade imbatível no processo de comunicação em todos os níveis.

Analisando o que se chama de "civilização da imagem", Mininni (2008, p. 82) afirma que "o poder psicológico das imagens deriva da sua capacidade de organizar a paixão humana pelo sentido em formato de ícone".

Simplificando, é a conhecida máxima "uma imagem vale por mil palavras": importa muito mais sentir, ser afetado emocionalmente, do que pensar, desenvolver ou acompanhar raciocínios mais complexos, que são, geralmente, articulados no texto impresso.

Nesse sentido, o autor completa: "A imagem consegue prender a atenção de forma mais imediata e sedutora do que os outros sistemas de signos, pois fornece uma síntese e informações que parece autorizar a rapidez da primeira interpretação emocional" (*ibidem*, p. 83).

Além disso, explica o autor, "do ponto de vista funcional, a comunicação audiovisual atende às principais necessidades das pessoas e dos grupos, fornecendo-lhes oportunidades de informação, de entretenimento e de identificação social" (*ibidem*, p. 83).

Wolff (2005, p. 43) afirma que o "mais perigoso poder da imagem é fazer crer que ela não é uma imagem, fazer-se esquecer como imagem". Em meio à profusão alucinada de imagens na contemporaneidade, e o seu consequente consumo compulsivo e irrefletido, o autor afirma que "a ilusão imaginária moderna por excelência" é acreditar que as imagens da realidade são a própria realidade, que se autoprojetaria.

O autor deixa algumas perguntas destinadas a inquietar, a abrir os olhos de quem, cegamente, vive de assistir às imagens da vida como se fossem a própria mídia. Afirmando que certos fatos só existem para ser filmados, o autor pergunta: "Será que pelo menos imaginamos, quando vemos um acontecimento 'ao vivo', que as pessoas veem câmeras, jornalistas, equipes de repórteres etc.?" (*idem*).

E também questiona sobre o exato contrário, algo que "não existiu" porque não há registros midiáticos dele: "Será que imaginamos quantos acontecimentos, mais graves, mais importantes, históricos, foram omitidos porque não havia câmera para filmá-los ou porque decidimos não os mostrar?" (*ibidem*, p. 44).

Enfim, com todas as observações aqui pontuadas, entre outras tantas possíveis no universo de um olhar para além da superfície da cultura da imagem, os registros audiovisuais são uma marca indiscutível da contemporaneidade.

É nesse sentido que os registros audiovisuais devem ser observados com muita atenção como uma alternativa sempre bem-vinda no planejamento de mídias organizacionais customizadas. Afinal, com ônus e bônus, eles ajudaram a conformar um cotidiano espetacular do qual não se pode fugir.

## Digital multimídia

Nas últimas décadas do século XX, mas essencialmente nos primeiros tempos deste novo milênio, as tecnologias digitais multimídia, cuja "materialização" mais evidente e popular é a web, passaram a ocupar um lugar específico e central no dia a dia planetário.

As principais características dessas mídias, possibilitadas pelas tecnologias da informação e comunicação (TICs), segundo Palacios (2007), são: 1) multimidialidade (reúnem texto, áudio, vídeo, fotografias, animações, infográficos); 2) hipertextualidade (por meio de redes, promovem interconexões customizadas de blocos de informações no formato de escrita, som, vídeo, foto etc.); 3) interatividade (grau de interação com conteúdos bem superior que em outras mídias, além de possibilidade de participação na produção de conteúdos e comunicação dialógica); 4) memória (espaço praticamente ilimitado para disponibilização e armazenamento de conteúdo); 5) atualização (possibilidade de comunicação contínua e em tempo real); e 6) personalização (produzir conteúdos, configurar leituras e percursos hipertextuais próprios, customizados, com base no desejo ou interesse do usuário).

Por agregar vários tipos de conteúdo comunicacional, promover uma comunicação participativa – e ainda por cima em tempo real –, acolher as contribuições dos cidadãos do século XXI, entre tantas outras potencialidades, as TICs compõem um imersivo campo específico de experimentação dos vários sentidos humanos (que muitos consideram onipresente, onisciente e onipotente), o ciberespaço.

Mas fazem mais. Por sua capacidade de se ajustar aos mais diversos usos, entre tantas outras potencialidades, as TICs também avançam para além de seu vasto universo, reconfigurando atividades, processos e protocolos em todos os campos sociais presenciais.

O resultado dessa expansão, desse transbordamento digital para outros âmbitos das sociabilidades, é o fato de que a efetivação ou realização da vida, na atualidade, torna-se um híbrido de experiências, tanto no espaço presencial, concreto ou sensível, como no ciberespaço, que muitos chamam de "virtual".

Segundo Miège (2010, p. 160), ao analisar os desafios de pensar a vida contemporânea, as tecnologias de informação e comunicação, agregando redes, internet, telefonia celular, microeletrônica, conteúdos digitais, entre outros, "representam irreversivelmente um papel protagonista tanto nas atividades profissionais como na vida privada e no espaço público".

Túlio Costa (2009, p. 15) adota o conceito de "nova mídia", opondo-se ao que se denomina "velha mídia", assinalando que ela se refere aos meios que lidam com linguagem, informação, entretenimento e serviços "mediante artefatos tecnologicamente avançados em relação aos suportes conhecidos – como o papel, o rádio por ondas eletromagnéticas e o bulbo clássico do aparelho de televisão".

Trata-se de artefatos capazes de "transformar a comunicação onipresente e pervasiva", considera o autor, citando "a comunicação multimídia composta pelo celular, pelos aparelhos portáteis aptos a carregar textos, fotos, áudios e vídeos para qualquer um e em qualquer lugar" (*ibidem*, p. 16).

Aquele mesmo transbordamento de que se falou há pouco, a partir do qual as TICs influenciam, e vêm modificando todos os âmbitos da sociabilidade, também ocorre, como não poderia deixar de ser, no campo da comunicação.

Para Túlio Costa, a nova mídia vai além das novas formas de gerar e difundir conteúdos, estabelecendo-se outras interfaces com os públicos. "Ela abarca, inclusive, a "velha mídia", uma vez que as novas maneiras de fazer e distribuir informação se imiscuíram nas práticas daqueles que veiculam seus conteúdos em suportes tradicionais" (*idem*).

Enfim, multimídia, multifuncional, interativa, participativa, colaborativa, atualizada e utilizada em tempo real, turbinada pela mobilidade e acessibilidade cada vez maiores, entre tantos outros atributos, características e potenciais, a mídia digital é uma presença, direta ou indireta, na vida contemporânea.

Dessa forma, não pode ser, de maneira alguma, ignorada no processo de planejamento de comunicação organizacional, especialmente quanto às mídias customizadas. No entanto – e nunca é demais fazê-lo, em razão de certo encantamento com as TICs –, vale lembrar: apesar de as novas mídias serem tão impositivas, elas não bastam.

Como evidenciado no primeiro capítulo deste livro, vive-se hoje o paradigma da comunicação em rede, no qual há espaço e uso requerido para um conjunto bem mais amplo e diversificado de mídias, incluindo as impressas e audiovisuais ou eletrônicas – mesmo em suas materializações já alcançadas ou influenciadas pelas novas mídias, conforme apontou Túlio Costa.

### PAUTAS E ABORDAGENS

Tendo-se discutido narrativas e plataformas, passa-se agora à análise do processo de produção de pautas e de definição de abordagens, que é o fundamento da geração de conteúdos. Um desafio e tanto.

A produção de conteúdo customizado exige muita criatividade e disposição de seus formuladores e executores. O principal desafio é gerar mensagens interessantes que conciliem temas pertinentes tanto à organização quanto aos seus públicos-alvo.

Os conteúdos podem abordar assuntos ligados direta ou indiretamente a ambos os lados, mas não podem fugir de uma mínima conexão com os universos deles.

OS PÚBLICOS JUSTIFICAM OS MEIOS

Conforme dissemos, as mídias customizadas são o "ponto de encontro" dialógico de dois emissores-receptores e, para que assim se estruturem e se mantenham, a "conversa" precisa ser interessante. Pelo conhecimento que se deve ter das organizações e dos públicos-alvo, chegar aos temas propriamente ditos não será a maior dificuldade, mas desenvolvê-los de forma criativa e atraente, sem cair em repetição.

Os valores-notícia podem e devem ser um bom ponto de partida para começar a pensar conteúdos customizados. Para as mídias de formatação jornalística, eles são obrigatórios, mas também podem ser usados com bons resultados no planejamento de várias outras modalidades de comunicação customizada.

Nessa direção, pode-se desenvolver um assunto a partir do que ele tem de "inesperado", "atual", "relevante", "próximo" e "notório". Outra saída interessante é prestar serviços, orientar, dar dicas ao público-alvo acerca de determinado assunto – como fazer, o que escolher, como usar, a melhor opção dos especialistas etc.

Falando em especialistas, os conteúdos podem ser desenvolvidos com entrevistas, para além de dicas, por exemplo. A discussão técnica ou científica de temas de interesse a partir de uma abordagem especializada dificilmente deixa de chamar a atenção.

Depoimentos de pessoas envolvidas de alguma maneira com o tema abordado dão um caráter mais humanizado, afetuoso e atraente aos conteúdos. Se bem escolhidos os depoentes/personagens, o público geralmente se identifica com as suas histórias.

Os assuntos em voga nas mídias de massa também podem ser uma fonte de abordagens e, até mesmo, pauta de temas para o desenvolvimento de conteúdo em mídias customizadas.

Considerando as diferenças de objetivos entre as mídias de massa e as organizacionais, repercutir uma cobertura midiática ou mesmo produzir uma abordagem exclusiva que tenha a ver com a organização/público-alvo a partir da agenda comunicacional dificilmente dá errado.

Os temas podem ser, ainda, desenvolvidos segundo os interesses humanos (valores, sentimentos, emoções), pessoais (saúde, educação, turismo, compras), profissionais (formação, atualização, oportunidades) e comunitários (leis, projetos, benefícios) dos públicos-alvo.

A motivação das descobertas, invenções e novidades é outra importante aliada na hora de pensar o desenvolvimento de temas. As estações do ano (moda, frutas, flores, sol, frio, calor), assim como as datas comemorativas (homenagens, nacionais e religiosas), igualmente permitem abordagens em mídias customizadas, desde que tenham alguma conexão com os temas em pauta.

Com um tema de interesse de ambas as partes, e uma estratégia para desenvolvê-lo, é hora de pensar numa questão importante em tempos de comunicação em rede: como produzir narrativas transmidiáticas? É preciso dedicar um tempo, incluindo a participação de especialistas em cada mídia que também pensem multimidiaticamente, para definir como formular e produzir um conteúdo que, se for o caso, esteja disponível em vários suportes, mas de maneira complementar e articulada. Não é tarefa simples, porém é essencial.

### PRODUÇÃO

Com o estudo acerca de todos os elementos essenciais das mídias customizadas (narrativas, plataformas, pautas e abordagens) finalizado, é chegada a hora de discutir um aspecto decisivo à sua consecução, o processo produtivo.

Pulizzi e Barrett (2009) dão um alerta essencial quanto ao planejamento e à produção de mídias *tailor-made* – eles são "o real desafio". Segundo esses autores, "a maioria das organizações está programada para vender produtos e serviços, e não para criar e entregar produtos editoriais consistentemente valiosos" (*ibidem*, p. 54).

Com essa observação fundamental, abre-se esta seção dedicada a discutir um dos maiores desafios dos comunicadores em

OS PÚBLICOS JUSTIFICAM OS MEIOS

quaisquer países: conseguir efetivamente, e nas condições corretas de tempo, qualidade e regularidade, produzir mídias customizadas em ambientes que não são redações jornalísticas, agências de publicidade ou assessorias de comunicação.

Mesmo terceirizando a maioria das tarefas, a organização não pode estar fora do circuito de decisões, que vai do planejamento e desenvolvimento até a aprovação das mídias customizadas.

Como os tempos atuais, de efervescente comunicação, fizeram um ajuste no velho adágio popular – "De médico, louco e comunicador, cada um tem um pouco" –, é preciso saber lidar com aquilo que ultrapassa os limites da contribuição justa e pertinente dos gestores organizacionais e vai para o terreno do pitaco ou das opiniões levianas.

Esse tipo de "contribuição" só faz emperrar qualquer cronograma de trabalho, além de prejudicar, na maioria das vezes, aquilo que uma mídia customizada tem de mais precioso: seu conteúdo.

Uma boa maneira de enfrentar esse desafio é instituir um conselho editorial ou conselho de comunicação, formado pelos gestores principais, mais a equipe da comunicação. Esse fica sendo o fórum de debate e decisões, com uma agenda articulada ao planejamento e à execução das mídias.

Esse tipo de encaminhamento também acaba responsabilizando cada um por suas ideias e opiniões, tendo em vista o resultado final do trabalho. Se boa ou ruim, cada ação tem evidenciados os seus coautores. Isso serve para dar a "César o que é de César" e também para fugir da situação de que "filho feio não tem pai".

Ter um planejamento estratégico de comunicação e um plano de mídias customizadas também ajuda a evitar atropelos e surpresas de última hora. Tudo com responsáveis muito bem escalados para cada missão tática (ação prevista) e sistema de monitoramento em tempo real da execução do que ficou planejado e acertado.

Cada mídia tem uma especificidade técnica e narrativa que acaba definindo o seu uso ou não de acordo com os conteúdos e os públicos-alvo em foco. Além disso, quanto à produção, algumas podem ser totalmente terceirizadas e outras, apenas feitas parcialmente por contratados.

Enfim, há peculiaridades tecnológicas, comunicacionais e processuais a diferenciar o projeto de uma mídia com relação a outra alternativa. No entanto, há alguns passos que são comuns à produção de todas elas. Saber sobre esse passo a passo pode ajudar muito.

A seguir, apresenta-se uma cadeia de valor geral, ou a série de atividades a serem desenvolvidas do planejamento à consecução e distribuição de quaisquer mídias. Certamente, esse roteiro ajuda a evitar imprevistos e suas mais nefastas consequências, os improvisos.

Há três grandes marcos para a produção de mídias customizadas: 1) as referências que devem ser sempre seguidas; 2) as decisões/aprovações, considerando os espaços institucionais e os profissionais encarregados delas, que devem ser consultados a cada uma das seis etapas previstas no âmbito do 3) desenvolvimento dos trabalhos.

1. Referências
   a) Posicionamento organizacional
   b) Planejamento estratégico de comunicação
   c) Plano de mídias customizadas

2. Decisões/aprovações
   a) Conselho de comunicação
   b) Equipe da comunicação organizacional

3. Desenvolvimento
   a) Definições:
   - Objetivo

- Públicos-alvo
- Tema
- Pauta de conteúdo
- Abordagens
- Plataformas midiáticas
- Aprovação

b) Planejamento:
- Custos/orçamento
- Execução (responsável/gestor, prazos, cronograma, profissionais requeridos, terceirização, infraestrutura etc.)
- Distribuição/entrega/atualização em casos on-line
- Aprovação

c) Execução:
- Reunião de material, via pesquisa, entrevista, registros fotográficos e audiovisuais, infográficos, animações etc.
- Elaboração do conteúdo
- Edição de conteúdo (versão para aprovação)

d) Entrega:
- Ajustes, se for o caso
- Finalização
- Divulgação
- Acompanhamento
- Avaliação de resultados

Já com o "endereço certo", conhecendo bem os públicos-alvo e o "conteúdo de interesse" – temas e plataformas ajustados à comunicação entre organização e seus parceiros –, chegou a hora de fazer o planejamento estratégico de mídias organizacionais customizadas (Pemoc). Esse é o tema do próximo capítulo, no qual, primeiramente, serão caracterizadas as principais mídias customizadas da atualidade.

# 4
## Planejamento estratégico de mídias organizacionais customizadas

O PONTO DE PARTIDA para organizar o trabalho com mídias customizadas, como se viu até aqui, são a identidade organizacional, as diretrizes do plano estratégico de comunicação e as deliberações do conselho de comunicação da organização, tendo como referências centrais o posicionamento e o conhecimento denso sobre os públicos-alvo organizacionais.

Como se trata de produzir "conteúdo de interesse" direcionado a um "endereço certo" – ou, simplesmente, mídias customizadas –, é preciso ter muitas informações sobre a organização e seus propósitos, assim como entender profundamente seus públicos-alvo, incluindo seus hábitos midiáticos e seus temas/assuntos/áreas preferidos.

Com as informações sobre os objetivos de comunicação organizacional e os interesses dos públicos-alvo, chega-se à definição da melhor mídia para integrar o esforço de comunicação da organização. Importante ressaltar que é preciso ter claro qual objetivo de comunicação se deseja alcançar com cada mídia produzida.

Nesse processo, é preciso falar da decisiva consideração do conceito de "comunicação em rede", apresentado no primeiro capítulo deste livro, explicitando que os indivíduos, na atualidade, compõem uma "dieta" específica de mídia, a partir do variado conjunto de meios e narrativas disponíveis, que vão das mídias impressas até as digitais multimídia, passando pelas audiovisuais.

É claro que o saber sobre os hábitos comunicacionais dos públicos-alvo será diagnosticado por pesquisas específicas, mas não custa salientar que é preciso prestar atenção ao paradigma comunicacional a que estamos imersos na atualidade.

Como foi indicado há pouco, a terceirização da produção de mídias customizadas é uma realidade. Isso ocorre pela especificidade técnica de cada uma, e também pelo número de profissionais e fornecedores que muitas vezes estão envolvidos na sua consecução.

No entanto, apesar disso, é necessário que o gestor de comunicação tenha um saber essencial acerca das possibilidades de trabalho para tomar suas decisões, do planejamento à aprovação dos serviços.

É nessa direção que este capítulo foi elaborado. A seguir, as principais possibilidades de mídias customizadas, em plataformas impressas, audiovisuais e digitais multimídia, com suas características e funções principais.

Resta salientar que tais mídias podem utilizar apenas uma das narrativas possíveis já apresentadas, ou ainda fazer uma combinação delas, de acordo com o objetivo de comunicação e o público-alvo em questão.

Também considerando esses parâmetros – objetivos de comunicação e ajustes requeridos pelos perfis dos diferentes públicos-alvo –, essas mídias podem ser utilizadas por qualquer segmento Coer, tanto o mercadológico como o institucional, interno e externo.

Aqui não se tratará de mídias customizadas tradicionais, como anúncios, VT e *spots*, consagrados no âmbito da publicidade. O foco são as narrativas inovadoras, pouco difundidas ou com maior potencial de chamar e manter a atenção por seus diferenciais específicos e potencialidades comunicativas mais densas e imersivas.

Mas fica a observação de que, como nunca, é também preciso reinventar o tradicional e consolidado usando o paradigma do

OS PÚBLICOS JUSTIFICAM OS MEIOS

"endereço certo" e o "conteúdo de interesse", numa realidade de intensa e crucial disputa por atenção e comunicação em rede.

Uma última consideração antes de seguir: as mídias menos conhecidas ou com maior complexidade de execução receberão mais atenção neste capítulo, que não pretende, em nenhum caso, esgotar as descrições técnicas ou servir de tutorial.

Com maior ou menor destaque, como se verá, em todos os casos foram selecionadas informações importantes para formar a opinião e sustentar as decisões estratégicas dos gestores de comunicação organizacional, como de resto se propõe este livro em sua totalidade.

Com medidas acertadas e bem sustentadas por parte dos especialistas, a produção e o desenvolvimento de mídias são uma questão técnica, quase sempre terceirizada. Ao gestor cabe decidir estrategicamente, aprovar e avaliar resultados.

## IMPRESSOS

Portabilidade, qualidade gráfica, apelo estético, tradição/autoridade da palavra impressa, texto impecável, entre outros, são "valores" que se podem agregar a mídias de papel. Apesar dos custos de produção e entrega, vale a pena impressionar os públicos-alvo com publicações caprichadas e de conteúdo relevante. Com um bom investimento em qualidade, o retorno é garantido. A seguir, as principais possibilidades de produção de mídia customizada nessa plataforma.

### JORNAIS ORGANIZACIONAIS

São os mais tradicionais, mantendo ainda o charme e a eficácia da comunicação *tailor-made*. Os primeiros teriam surgido na primeira metade do século XIX na Europa.

No Brasil, a chegada se dá cerca de 100 anos depois, na década de 1920, mas o incremento desse tipo de mídia veio mesmo nos anos 1960, com a dinamização da economia nacional. Um novo crescimento da comunicação organizacional, incluindo o uso dessas publicações, ocorre a partir dos anos 1990, com a instauração de um ambiente de livre circulação de informações, liberdade política e aumento da concorrência empresarial, entre outros.

Esse novo cenário se constituiu pela redemocratização plena, ampla abertura do mercado nacional a empresas estrangeiras, avanço no campo dos direitos dos consumidores e também pelo aumento exponencial de mídias no processo de interfaces socioeconômicas e político-culturais (midiatização).

Os jornais organizacionais seguem os mesmos padrões do jornalismo tradicional, buscando se apropriar da "autoridade" simbólica/cultural dessa narrativa na sociedade contemporânea – quem nunca ouviu a expressão "É verdade, eu li no jornal"?

Nessa linha, os conteúdos podem ser constituídos de notas, notícias, reportagens, entrevistas e artigos. Tudo segundo os critérios de valor-notícia na filtragem das pautas, com textos objetivos, uso de fotografias, ilustrações, infográficos, tabelas e periodicidade bem definida (geralmente mais ampliada), entre outras marcas do campo do jornalismo.

Esse tipo de publicação, reforça-se, pode ser utilizado em todos os âmbitos da Coer – institucional, interno e externo – e mercadológico. A sua produção geralmente é terceirizada, ficando para os gestores de comunicação organizacional a aprovação da pauta, dos conteúdos e do leiaute final.

Um cuidado especial deve ser tomado com a entrega, seja ao definir os públicos-alvo específicos, o que vai, inclusive, orientar a produção do conteúdo, seja ao efetivar a distribuição, uma vez que é comum ocorrerem os chamados "encalhes".

Esses encalhes são formados por sobras ou devoluções por problemas na identificação dos destinatários das correspondências. Enfim, para evitar desperdícios ou problemas de comunicação, o *mailing* deve ser bem apurado e atualizado.

### INFORMATIVOS

Para informações com "vida curta", cujos fatos tenham repercussões pontuais, ou seja, que tenham uma atualização mais rápida, o ideal são os informativos ou boletins.

Com visual simples, poucas páginas (geralmente de duas a quatro) e periodicidade mais intensa (diária, semanal, quinzenal), essas publicações são compostas de notas e notícias com textos reduzidos. Podem ser usadas pontualmente, em casos específicos (acidentes, lançamentos, inaugurações etc.), ou integrar regularmente a política de comunicação.

### NEWSLETTERS

Se o informativo for sobre um tema específico e dirigir-se a público bem recortado, sem ter necessariamente uma periodicidade regular, tal mídia é chamada de *newsletter*.

Pode ter um tamanho variado, entre duas e 16 páginas, em geral, combinando notas curtas com outros textos não muito longos, visando a uma combinação que aprofunde os conhecimentos do leitor sobre um assunto específico.

### REVISTAS CUSTOMIZADAS

As revistas customizadas talvez sejam as publicações *tailor-made* mais conhecidas quando se trata de comunicação organizacional. De empresas aéreas a redes de farmácias, passando por cadeias de restaurantes, *shopping centers* e supermercados, essas revistas são um investimento com retorno certo.

Essa é uma realidade aqui e no mundo inteiro. Por seus atributos e efeitos, a *custom publishing* movimenta um mercado midiático de vulto planeta afora. Há empresas dedicadas especificamente a produzir, sob encomenda e para diversos clientes, esse tipo de mídia. Além disso, as editoras tradicionais estão criando divisões específicas para produzir revistas sob encomenda.

A aceitação e os resultados fenomenais desse tipo de publicação na atualidade podem passar a impressão de que se trata de uma novidade. Mas não é bem assim. Conforme esclarece Scalzo (2008), essas revistas existem no Brasil desde o século XIX, sendo a inaugural *O Velocípede*, publicada na Bahia em 1875 sob encomenda da Casa Comercial Bazar 65.

Em 1904, surgiu a *Antarctica Ilustrada*, revista "semanal, literária, comercial e esportiva" da conhecida cervejaria. A autora aponta os anos 1960 como um divisor de águas quanto à qualificação e profissionalização das publicações e ao investimento nesse tipo de comunicação.

Segundo Scalzo (*ibidem*, p. 47), "hoje, reforçando a tendência de segmentação, as empresas produzem revistas para se comunicar diretamente com seus clientes e funcionários, além de utilizá-las para sedimentar sua imagem institucional junto ao mercado".

Nessa direção, como bem ressalta a autora, com esse tipo de publicação jornalística customizada, as organizações trabalham seu posicionamento/imagem em torno de sua identidade (produtos, serviços), mas também contemplam temas correlatos, alcançando o segmento em que atuam, tendo como ponto de referência as necessidades dos leitores.

A pauta de uma revista customizada deve ser ampla o bastante para ser capaz de inserir a organização no universo de seu segmento e também construir uma ponte com o cotidiano dos seus públicos-alvo.

Em suma, não se deve falar apenas da organização, mas de tudo que a ela se relaciona (nicho de mercado/atuação, comunidade, aspectos comportamentais e culturais etc.), considerando fundamentalmente o interesse do leitor, que compõe o quadro de seus públicos prioritários.

Dessa forma, as revistas buscam uma imagem organizacional destacada diante de concorrentes de um mesmo nicho, oferecendo um produto informativo diferenciado quanto ao conteúdo e à apresentação gráfica.

Conjugando difusão orientada e qualificada com credibilidade da narrativa jornalística, *design* arrojado e qualidade gráfica (impressão, papel, acabamento etc.), as revistas customizadas são vistas como um verdadeiro presente das organizações para quem as recebe.

Caso essas publicações não surtam esse efeito, algo deve estar errado, desperdiçando-se muito dinheiro e potencial de uma mídia espetacular, no que diz respeito a resultado de comunicação.

Geralmente, as revistas são distribuídas gratuitamente, em pontos de venda, eventos, encartadas em grandes publicações ou via mala direta. Elas podem ser enviadas a todo um público-alvo ou a grupos específicos de determinado contingente. Por exemplo, algumas organizações só distribuem as revistas customizadas àqueles clientes que lhes são mais lucrativos.

A periodicidade dessas revistas é mais ampliada, podendo ser mensal, bimestral, trimestral, quadrimestral, semestral ou anual. Nesse sentido, devem ter uma pauta mais "fria", evitando abordagens de temas imediatos e urgentes.

Nessa direção, seguindo o conceito de comunicação em rede, as revistas, com seus conteúdos mais aprofundados e coberturas mais amplas, devem compor um mosaico maior de mídias jornalísticas, incluindo aquelas de consumo mais rápido e imediato, e informar conteúdo de interesse mútuo de organizações e público-alvo.

Por suas dimensões, as revistas abrigam todos os tipos de gêneros jornalísticos, como notas, notícias, reportagens, entrevistas, artigos. Infográficos e fotografias devem ser usados sem economia, pois são um recurso que dialoga muito bem com o *modus operandi* da comunicação na atualidade, baseado fundamentalmente na difusão de imagens.

O desenvolvimento de conteúdos para um número considerável de páginas, no mínimo 24, geralmente, pode ser um desafio. Dessa forma, vale a pena prestar atenção às dicas referenciadas anteriormente quanto à multiplicação de abordagens para a produção de conteúdos de interesse.

Vale dizer que as revistas customizadas também trazem anúncios. Geralmente, trata-se de publicidade de parceiros organizacionais, de instituições que atuem no mesmo nicho, ou, ainda, de empresas que desejem falar com o mesmo público-alvo que a sua organização. A receita de publicidade ajuda a reduzir os altos custos de produção e distribuição de uma revista customizada.

Scalzo (2008) aponta como diferencial dessa mídia o fato de ela ter uma comunicação mais próxima com o público – "revista trata o leitor de você, fala com ele diretamente e, às vezes, com intimidade" (*ibidem*, p. 37) – e ser portável – "é fácil de carregar, de guardar, de colocar numa estante e colecionar" (*ibidem*, p. 39).

Falando de revistas como um todo, mas cujas dicas podem ser aplicadas a publicações sob encomenda, a autora cita alguns aspectos considerados fundamentais para determinar o sucesso de uma revista. Trata-se, na maioria, de pontos já abordados aqui, mas não custa remarcar.

A capa é fundamental: "Uma boa revista precisa de uma capa que a ajude a conquistar leitores e os convença a levá-la para a casa" (*ibidem*, p. 62). Os assuntos escolhidos são decisivos: "A escolha acertada da pauta é meio caminho andado em direção ao sucesso" (*ibidem*, p. 65).

A formatação, ou projeto gráfico, é outro ponto importante: "Design em revista é comunicação, é informação, é arma para tornar a revista e as reportagens mais atrativas, mais fáceis de ler" (*ibidem*, p. 67).

O uso de imagens é recomendado, pois, para a autora, a primeira coisa que se vê numa página de revista são as fotografias. "Antes de ler qualquer palavra, é a fotografia que vai prendê-lo àquela página ou não. Fotos provocam reações emocionais, convidam a mergulhar num assunto, a entrar numa matéria" (*ibidem*, p. 69).

A infografia é colocada no mesmo patamar que as fotografias, estando "no primeiro nível de leitura de qualquer meio impresso", considera Scalzo (*ibidem*, p. 74). "Eles são, muitas vezes, a exemplo das fotos e títulos, as portas de entrada para os textos. É

OS PÚBLICOS JUSTIFICAM OS MEIOS

ali que o leitor deposita, inicialmente, a sua atenção e pode ser por meio deles que o leitor decida ler ou não a matéria" (*idem*).

Por fim, mas não menos importante, muito pelo contrário, o texto. "Em revista, um bom texto é o que deixa o leitor feliz, além de suprir suas necessidades de informação, cultura e entretenimento", resume Scalzo (*ibidem*, p. 77), que recomenda: "Para fazer um bom texto de revista, voltemos ao leitor, como sempre. A primeira pergunta é 'para quem estou escrevendo?'".

Destacando a importância das revistas, Crescitelli e Shimp (2012, p. 315) registram que um dos seus principais objetivos é "aumentar os níveis de lealdade do consumidor".

E, diante de tão crucial desafio, reportam que a "publicação customizada responde por quase ¼ do total do dinheiro que as empresas alocam para marketing, propaganda e comunicações" (*idem*).

Os autores afirmam que as revistas customizadas não substituem os anúncios em outros meios impressos, inclusive revistas de empresas jornalísticas, porque estes alcançam um público potencial importante. No entanto, registram que as revistas customizadas "desempenham um papel singular [...], especialmente como meio de manter um diálogo contínuo com usuários atuais da marca" (*ibidem*, p. 316).

Por seus atributos, diferenciais e possibilidades comunicacionais, as revistas customizadas, surgidas no longínquo século XIX, mantêm-se, neste século XXI digital, com vigor renovado pelo profissionalismo e pela qualidade de produto, corroborando a estratégia da comunicação em rede.

### LIVROS

Das revistas para os livros, pois estes são também um meio de comunicação muito eficaz para trabalhar a imagem de uma organização ou de uma personalidade.

Além de agregar credibilidade à reputação institucional, os livros organizacionais se configuram como um importante elemento de constituição de memória. Por seu porte e valor simbólico, são obras que requerem planejamento detalhado (organograma, orçamento, produção, distribuição etc.). Para elaborar esse tipo de publicação, recomendamos que sejam seguidos os parâmetros de confecção de um livro-reportagem.

De acordo com Lima (2004), há várias formas de produzi-los. Para o pesquisador, os livros-reportagem agregam aos processos de apuração e relatos pormenorizados, comuns à imprensa cotidiana, recursos narrativos da literatura e da história, buscando compor um painel mais denso, atraente, detalhado e rico da narração de um fato específico.

O autor defende que "existe uma analogia entre os gêneros literários conto e romance, de um lado, e o livro-reportagem, de outro" (*idem*). Nessa direção, Lima divide os livros-reportagem em dois níveis: "No primeiro está a reportagem que apresenta parentesco com o conto. No segundo, encontramos a reportagem que recebe tratamento equivalente ao do romance" (*ibidem*, p. 249).

Com uma riqueza investigativa e narrativa, o autor resume assim o objetivo geral de um livro-reportagem: "Desempenha um papel específico, de prestar informação ampliada sobre fatos, situações e ideias de relevância social, abarcando uma variedade temática expressiva" (*ibidem*, p. 1).

A elaboração de um livro-reportagem segue os princípios que regem o jornalismo como um todo, afirma Lima, para quem a reportagem é uma "expressão por excelência" do jornalismo interpretativo.

Afirmando que o jornalismo interpretativo visa ampliar e aprofundar a visão da audiência acerca de fenômenos importantes a seu tempo, o autor enumera os ingredientes que conformariam esse tipo de narrativa, dando pistas de como proceder na elaboração do texto de um livro-reportagem.

Segundo Lima, o jornalismo interpretativo investe na apuração do "contexto do fato nuclear ou da situação nuclear", buscando as referências que determinam o fenômeno em foco.

Os "antecedentes" também são apurados, em busca das causas do acontecimento. O "suporte especializado" é outro investimento,

OS PÚBLICOS JUSTIFICAM OS MEIOS

mediante a apuração da opinião de peritos e testemunhas, entre outros, a tornar mais densa a narrativa do fato. Mas não é só o passado que interessa. Para Lima, a grande reportagem também dedica espaço à "projeção", "visando inferir do presente e do passado os desdobramentos do caso, suas consequências possíveis, seu alcance futuro" (*ibidem*, p. 21). A "humanização da reportagem" é outro fator indispensável. Os perfis de personagens da história relatada são elementos importantes na tarefa de envolver o leitor, mixando emoção e razão, no intuito de "transmitir um retrato completo dos temas que aborda" (*idem*).

Lima estabelece três condições essenciais que caracterizam um livro-reportagem: "conteúdo" que trate do real, do factual, com narrativa fundada na verossimilhança e na veracidade; "tratamento" jornalístico à narrativa, compreendendo a linguagem, a estruturação e a edição do texto; e "função" típica do jornalismo, que está dedicado a "informar, orientar e explicar" (*ibidem*, p. 28).

O autor enxerga uma variedade bem ampla de tipos de livros-reportagem, aqui apresentada com a intenção de ajudar os gestores de comunicação organizacional a tomar a melhor decisão acerca do formato narrativo ao planejar/executar o uso dessa mídia no âmbito institucional. Eis as possibilidades descritas:

- Livro-reportagem-perfil: foca na dimensão humana de personalidades e personagens de interesse. Lima destaca que, nesse grupo, insere-se o livro-reportagem-biografia, "quando um jornalista, na qualidade de *ghostwriter* ou não, centra suas baterias mais em torno da vida, do passado, da carreira da pessoa em foco, normalmente dando menos destaque ao presente" (*ibidem*, p. 52).
- Livro-reportagem-depoimento: "reconstitui um acontecimento relevante, de acordo com a visão de um participante ou de uma testemunha privilegiada" (*idem*).

- Livro-reportagem-retrato: parecido com o livro-perfil, no entanto não "focaliza uma figura humana, mas sim uma região geográfica, um setor da sociedade, um segmento de atividade econômica, procurando traçar o retrato do objeto em questão" (*ibidem*, p. 53).
- Livro-reportagem-ciência: destinado à divulgação científica, geralmente com foco em um tema específico.
- Livro-reportagem-ambiente: pautado por temas ambientais e causas ecológicas.
- Livro-reportagem-história: aborda temas do passado, mas com alguma conexão com assuntos da atualidade.
- Livro-reportagem-nova consciência: investiga assuntos ligados a comportamento, cultura, economia, política.
- Livro-reportagem-instantâneo: "debruça-se sobre fato recém--concluído, cujos contornos finais já podem ser identificados" (*ibidem*, p. 56).
- Livro-reportagem-atualidade: também pautado por um tema atual, mas com o diferencial de uma "maior perenidade no tempo", com desdobramentos finais desconhecidos (*idem*).
- Livro-reportagem-antologia: reúne reportagens sob critérios de temas, gêneros, temporalidade, entre outros.
- Livro-reportagem-denúncia: de fundo eminentemente investigativo, busca relatar injustiças, desmandos, crises, abusos etc.
- Livro-reportagem-ensaio: privilegia o ponto de vista do autor sobre determinado tema ou acontecimento.
- Livro-reportagem-viagem: tem como norte uma viagem a uma localidade específica, buscando evidenciar aspectos socioeconômicos e político-culturais da vida naquela região, incluindo conflitos, desafios, contradições e peculiaridades de sua gente.

Aplicada ao universo da comunicação organizacional, a ferramenta livro-reportagem geralmente é utilizada em ocasiões especiais, como aniversários (fundação de empresas, criação de produtos e serviços) e lançamentos, expansões de negócios. Também há narrativas dedicadas a seus líderes (fundadores, patriarcas, matriarcas, famílias e suas trajetórias).

Muitas organizações também estão transformando seus relatórios de responsabilidade socioambiental e mesmo balanços anuais em livros-reportagem que ampliam a abordagem institucional para além dos limites organizacionais, alcançando vários aspectos do nicho em que atuam, inclusive a comunidade na qual estão insertas.

Conforme já salientado, em razão dos investimentos e do valor simbólico que os livros têm na cultura ocidental, esse tipo de publicação demanda uma atenção especial quanto a projeto gráfico, impressão, papel, capas e recursos gráficos adicionais (como *hot stamping*, vernizes, capas duras, *pop-ups*, entre outros).

Não raro, os livros organizacionais vêm no formato *coffee table book*, com dimensões maiores (27cm × 31cm) que a dos livros-texto mais comuns e com muitos recursos visuais e gráficos. Há ainda a possibilidade de fazer uma versão mais simplificada dessas publicações sofisticadas.

As organizações, além da distribuição normal, costumam ofertar essas publicações como presentes ou lembranças a visitantes ilustres ou personalidades que integram seus públicos-alvo. Em alguns casos de livros relacionados com temas de interesse geral, as versões mais sofisticadas são vendidas, inclusive em livrarias.

E quanto ao conteúdo dos livros organizacionais? Resposta direta: sua abordagem é crucial. Isso porque se trata de algo complexo, unindo uma pauta bastante específica com a intrincada operação de produzir uma grande reportagem. Nessa caminhada, cumprem-se as seguintes etapas: pauta, apuração, redação e edição.

Além de uma apuração detalhada e um texto amigável, é necessário um bom investimento em recursos visuais em abundância, como fotos, ilustrações, infográficos, tabelas etc. Dependendo da natureza da organização, os livros podem ser bilíngues.

Em minha experiência profissional, geralmente ofereço ao leitor três possibilidades de leitura de um conteúdo customizado entregue na plataforma de livro. Nesse sentido, estruturo o conteúdo com texto, fotos, infográficos e destaques de partes importantes da obra (comumente chamado no jargão jornalístico de "olho").

Dessa forma, o leitor pode fazer uma leitura bastante detalhada e atraente de todo o material. Mas àqueles que não tiverem tempo ou não se interessarem por tudo ofereço a possibilidade de "ler" as fotografias, cuja pauta deve contemplar os pontos principais da narrativa, sendo ainda acompanhadas de legendas com as informações essenciais.

Há também a possibilidade de leitura dos infográficos e "olhos", distribuídos ao longo do texto, igualmente dedicados às questões-chave que se quer passar para o público-alvo. Assim, de alguma forma – com textos, fotografias e informações destacadas em gráficos, tabelas e ilustrações – consegue-se captar a atenção do leitor para o essencial.

Enfim, embora os investimentos sejam altos e a consecução complexa, com os livros-reportagem as organizações têm à sua disposição uma ferramenta de peso e relevância para, por meio da grande reportagem, alcançar qualificadamente fatias importantes dos seus públicos-alvo, investindo em imagem e memória.

### PUBLIEDITORIAIS

O publieditorial é um tipo de narrativa comunicacional, conforme visto anteriormente, e também um produto ou mídia. Como ferramenta de comunicação, trata-se de conteúdo impresso ou audiovisual que busca passar informação organizacional nos moldes das mídias jornalísticas nas quais está inserto. Pode ser um anúncio, um VT ou um *spot*.

### JOGOS

A prática dos jogos é milenar. No prefácio de sua obra seminal sobre os jogos, *Homo ludens*, o historiador holandês Johan

Huizinga (2008, p. I) afirma que "é no jogo e pelo jogo que a civilização surge e se desenvolve".

Segundo relata McGonigal (2012), o jogo já fazia parte da cultura do Antigo Egito, com as evidências mostrando que o jogo de somar chamado Mancala já era praticado por lá entre os séculos XV e XI a.c.

De tempos remotíssimos e acompanhando o avanço dos suportes, os jogos atravessaram milênios e se mantêm como opção de entretenimento e imersão em tramas, desafios e realidades para além da vida concreta.

Das pedrinhas, passando pela madeira e pelo papel, até as combinações digitais de "zeros" e "uns", ou seja, do mais rústico analógico ao mais ultrassofisticado digital, os jogos são um elemento de constituição das civilizações ao longo da História.

Mais à frente será comentado sobre os jogos digitais. Por ora, abordaremos as possibilidades de uso comunicacional dos jogos em suporte tradicional, envolvendo basicamente suportes analógicos (cartas, cartelas, tabuleiros, miniaturas etc.).

Nesse aspecto, podemos falar de jogos de mesa (varetas, tangram), cartas (baralho, uno), dados, tabuleiro, caneta e papel (palavras cruzadas, forca, sudoku, jogo da velha).

Mas, antes de seguir, é de perguntar: o que é um jogo? Os jogos, de quaisquer naturezas, têm como principal característica o poder imersivo, a capacidade de conquistar e prender a atenção dos "jogadores" no âmbito de certo universo, em razão de um desafio também específico.

Nessa direção, é que ficam claras as marcas de um jogo: deve haver jogadores, adversários, que seguem regras para alcançar o objetivo final, a vitória, determinando-se vencedores e perdedores.

De acordo com Huizinga (2008), os jogos reúnem algumas características formais essenciais: são uma atividade livre; remetem a um "faz de conta" que não se insere na vida corrente; são imersivos, com captura total da atenção; devem ser praticados sem interesse material; têm uma duração e uma temporalidade próprias, provocando certo isolamento dos participantes quanto à realidade; têm uma ordem "específica e absoluta", com regras e ética próprias, contrastando com o caos da vida real; e promovem a interação em grupos sociais.

Para McGonigal (2012), são quatro as características que definem os jogos: meta (resultado que se busca com o jogo); regras (limitações para atingir a meta); sistema de *feedback* (meio pelo qual se acompanha a evolução do jogo, como pontos, níveis etc.); e participação voluntária (aceitação consciente das regras, metas e *feedback* do jogo).

Trata-se eminentemente de atividade interativa e imersiva, demandando atividade mental e, algumas vezes, física, inclusive com ganhos educativos. Isso tudo, a despeito de percepções negativas vinculadas à prática dos jogos, como manipulação, trapaça, exploração, avareza etc., em razão de usos bem específicos dos jogos.

Mas o fato é que, como pura diversão e entretenimento, os jogos se inseriram no nosso dia a dia há milênios e ganharam um lugar especial no cotidiano humano. Segundo McGonigal (2012, p. 37), isso ocorre porque o jogo é uma "oportunidade de focar nossa energia, com um otimismo incansável, em algo no qual somos bons (ou no qual nos tornamos melhores) e apreciamos. Em outras palavras, o jogo é o oposto emocional direto da depressão".

Avaliando que os jogos nos movem "em direção à extremidade positiva do espectro emocional", a autora afirma que "ficamos intensamente envolvidos, e isso nos deixa com disposição mental e a condição física adequadas para gerar todos os tipos de emoções e experiências positivas".

Como se discute neste livro, a conquista e manutenção da atenção são os grandes desafios da comunicação contemporânea. Daí se conclui ser um desperdício deixar de "pegar carona" na atenção requerida e alcançada pelos populares jogos para comunicar, de modo subliminar, uma mensagem customizada.

OS PÚBLICOS JUSTIFICAM OS MEIOS

Não há tantas experiências de comunicação customizada via jogos, sendo a maioria destinada a crianças e em momentos bem específicos de campanhas publicitárias.

No entanto, numa era de busca intensa por diversão e entretenimento e, claro, de disputa por atenção, não se devem desprezar os jogos customizados como uma mídia apta a inserir mensagens organizacionais no universo de interesse dos públicos-alvo.

Decerto que é necessário haver muita criatividade e sofisticação nessa interseção entre comunicação institucional e jogos, mas, se benfeita essa união, os resultados serão eficazes.

Seguindo o conceito de que a comunicação customizada na economia da atenção deve inserir a organização no universo dos seus públicos-alvo, nada mais promissor do que "entrar" no cotidiano desses interlocutores privilegiados pela mão da diversão e do entretenimento. Pode ser desafiante, mas certamente será recompensador.

### HISTÓRIA EM QUADRINHOS (HQ)

Em quase dois séculos de existência, e com raízes que chegam a práticas comunicacionais do século XV, segundo García (2012), as histórias em quadrinhos fazem parte do universo infantil e das comunicações de massa, mas também se apresentam, a partir das últimas décadas, como produtos mais sofisticados, no que se denominam "novelas gráficas".

De acordo com García, não há um consenso sobre a origem exata dos quadrinhos. Uma corrente, que prefere vinculá-la como parte de uma tradição cultural artística, descreve seus primórdios nos anos 1820, com as obras do professor suíço Rodolphe Töpffer.

A outra tendência localiza a origem dos quadrinhos na nascente indústria do jornalismo impresso norte-americano do final do século XIX, colocando-os como um meio de comunicação de massa.

Polêmicas à parte, o fato é que as histórias contadas por meio de frases curtas, narradas em sequências de pequenos quadros ilustrados com as cenas de que derivam falas e pensamentos, veiculadas em meio impresso, produzidas para consumo massivo, são um sucesso há várias gerações.

Um sucesso que se renova e se adapta, como bem mostra o pesquisador, ao falar das novelas gráficas, produções mais caprichadas, temática e graficamente falando, com abordagens que passam ao largo do universo infanto juvenil que consagrou os quadrinhos ao longo do século XX.

Nesse sentido, seja para falar com crianças e adolescentes, seja para falar com adultos, sobre assuntos que variam do universo ficcional dos super-heróis até questões de arte, cultura, comportamento e política, os quadrinhos são uma mídia com alto potencial de aceitação.

García expõe até mesmo a incursão do jornalismo nessa seara narrativa, fenômeno que verifica mundo afora, inclusive no Brasil. Segundo ele, nas duas últimas décadas, a novela gráfica histórica "estabeleceu um tipo de relação entre os quadrinhos e a realidade que não havia sido vista antes, e que se aproxima de um fenômeno ainda incipiente, mas muito interessante, que é o do quadrinho jornalístico" (*ibidem*, p. 275).

As histórias em quadrinhos, também conhecidas como "*comics*" (EUA), "*fumetti*" (Itália), "banda desenhada" (Portugal), em geral são contadas sequencialmente, em edições com periodicidade regular, sendo produzidas em formato de livros, revistas, revistinhas ou tirinhas em jornais.

No campo da comunicação organizacional, podem ser produzidas publicações nessas mesmas plataformas, de modo customizado, ou se podem elaborar conteúdos de HQ para inserção paga em jornais e revistas de interesse para os públicos-alvo.

Assim como ocorre no mundo dos quadrinhos, essas HQs organizacionais podem ser dirigidas aos públicos infanto juvenil e adulto, com o objetivo de informar, divertir e persuadir, por meio de histórias ou ficções que tenham a organização (trajetória, produtos e serviços etc.) como personagem.

Numa era de comunicação em rede, trata-se de utilizar uma mídia eficiente, consagrada e em constante renovação, tanto em estilos, temáticas e abordagens quanto em públicos, cada vez mais segmentados.

É claro que se demandam talento, investimento e ousadia para caminhar em território pouco explorado no campo da comunicação organizacional, mas a inovação é uma palavra-chave nestes tempos em que a "guerra" pela atenção exige "armas" tão inusitadas quanto eficazes.

| Mídias impressas |
| --- |
| - Jornais |
| - Informativos |
| - *Newsletters* |
| - Revistas customizadas |
| - Livros |
| - Publieditoriais |
| - Jogos |
| - História em quadrinhos |

## AUDIOVISUAIS

As mídias audiovisuais marcaram a revolução das comunicações ao longo do século XX, ajudando a fomentar a cultura do ver e do ouvir, inclusive no que diz respeito a audiências de massa.

Até mesmo por ter seus conteúdos transpostos para o universo digital, os audiovisuais mantêm-se como um meio decisivo para qualquer estratégia de comunicação na atualidade.

Conforme já salientado, são várias narrativas e suportes possíveis (filmes cinematográficos e televisivos, emissões de rádio, programas de TV, videoclipes, animações, entre outros, tendo como meios de divulgação projetores, CDs, DVDs, *blu-ray*, aparelhos de rádio e de TV, computadores, *smartphones*, *tablets* etc.).

O destaque aqui vai para algumas possibilidades mais utilizadas em estratégias exitosas de comunicação organizacional no âmbito da TV e do rádio, apesar de tais conteúdos poderem ser disponibilizados em circuitos internos de difusão nas organizações, sistemas de assinatura (cabo, satélite, fibra ótica) e também na web, como geralmente acontece.

### CONTEÚDO DE TV

O veículo de comunicação mais popular do país, com alcance de quase todos os lares, a TV é eficaz na transmissão de mensagens, mas também uma mídia cara. Daí a necessidade de saber utilizar esse espaço, considerando o conteúdo mais crucial, os públicos--alvo (temas de interesse, hábitos/horário de consumo da TV) e o melhor formato de difundir a narrativa.

Em geral, as organizações, além de veicular os VTs ou *spots* (publicidade para TV com duração de 15, 30, 60 ou 90 segundos, em média) e promover o *product placement*, quando têm recursos e desejam uma comunicação mais especializada e customizada, produzem os chamados "programetes", cuja duração depende bastante do orçamento disponível, girando em torno dos três minutos.

Esses programetes em geral emulam a programação da emissora em que se inserem, usualmente em formato de publieditorial, com base em linguagem jornalística (reportagens, entrevistas, minidocumentários). São utilizados, na maioria das vezes, para comunicação institucional (prestações de contas, lançamentos), incluindo poderes públicos e empresas privadas.

Falando eminentemente de marketing de produtos e serviços, Crescitelli e Shimp (2012) citam o "infomercial". Surgido nos anos 1980, é um comercial de longa duração, de 28 a 30 minutos, que combina "notícias sobre o produto e entretenimento" (*ibidem*, p. 325).

Segundo os autores, a estratégia permite ao marketing oferecer mais detalhes sobre produtos tecnologicamente sofisticados e ampliar a transparência nas relações das organizações com os consumidores – uma exigência crescente, apesar de alegações de informações falsas ou enganosas. Sem falar no monitoramento dos índices de compra durante as exibições.

Analisando o meio TV para a comunicação de marketing, os autores consideram que esse veículo tem como pontos positivos habilidades para demonstrar produtos e serviços, gerar excitação, usar o humor e alcançar um a um, além do valor de intrusão incomparável, que significa envolver os sentidos e atrair a atenção. Mas nem tudo são flores no meio de maior alcance da comunicação atual. Para os autores, os altos custos de produção e de veiculação, o *zapping* (troca recorrente de canal) e o *zipping* (aceleração de comerciais em programas pré-gravados por equipamentos digitais ou DVRs) são algumas das principais limitações.

Por fim, algumas orientações estratégicas: além da objetividade, da concisão, do zelo estético, entre outros, conforme recomenda Watts (1990, p. 25), "a televisão não é um veículo para a comunicação de grandes quantidades de informação detalhada. Você tem de selecionar apenas os fatos mais importantes para o seu programa e excluir os demais". Se essa é uma regra clássica, o que dizer destes tempos de mensagens com 140 caracteres?

Recomendando mixar informação com doses de entretenimento, Watts destaca que a TV é intimista. "A TV é um meio dotado de intimidade. Se quiser se dirigir com eficácia aos telespectadores, é preciso falar como se estivesse se dirigindo a cada um deles individualmente" (*ibidem*, p. 72).

### CONTEÚDO DE RÁDIO

Presente em mais de 90% dos lares brasileiros, segundo as mais diversas estatísticas, o rádio alcança a totalidade do território nacional e "fala" pelos mais diferentes aparelhos a todas as classes sociais do país.

Nesse cenário, Crescitelli e Shimp (2012) apontam uma profunda segmentação (jornalismo, esportes, música, religião) e a ocorrência de redes nacionais dessa mídia. Com muitas rádios, num mercado organizado por coberturas locais, redes nacionais e alta segmentação, os autores apontam uma "audiência extremamente pulverizada" (*ibidem*, p. 316).

Essa realidade exige dos gestores de comunicação organizacional uma estratégia bem definida para falar com os públicos-alvo, muitas vezes comprando espaço em várias emissoras. Aprofundando a discussão sobre o meio rádio no campo da comunicação organizacional, registra-se a ocorrência de emissoras customizadas, que são batizadas com o nome das empresas ou organizações que as patrocinam, de montadoras de automóveis a operadoras de telecomunicações.

Quanto aos conteúdos organizacionais dedicados à veiculação no rádio, como ocorre no caso da TV, o mais usual é a produção de publieditoriais que emulam a programação na qual estão insertas, mixando elementos do jornalismo (entrevistas, notícias, reportagens, debates, mesas-redondas) e música, e conjugando temas relevantes da organização e assuntos de interesse dos públicos-alvo.

No entanto, vale salientar que a produção dos programas organizacionais customizados para veiculação em emissoras de rádio deve considerar os principais gêneros dessa mídia que poderão ser utilizados numa combinação mais eclética, sempre de acordo com o público.

Nessa direção, além dos já citados gêneros jornalístico e musical, há o educativo-cultural, o esportivo, o humorístico, o radioteatro (peça, novela, série), o de variedades (radiorrevistas) e o de serviço, para ficar apenas nos mais recorrentes/consagrados.

Ao contrário da TV, a mídia em rádio é considerada uma das mais baratas se comparada às outras formas de comunicação de massa. Não há o recurso da imagem, mas, mesmo assim, com os recursos da locução, da sonoplastia, do texto conciso e envolvente, o rádio consegue captar a atenção do ouvinte, permitindo a ele produzir as suas próprias "imagens".

A potencialidade de "formar" imagens por meio dos sons é um dos principais fatores da longevidade do rádio, em especial diante da

TV e das plataformas multimídia. Nesse sentido, Belmonte (2004, p. 49) reporta que a linguagem radiofônica "é formada por um conjunto de elementos sonoros usados para criar representações visuais no pensamento dos ouvintes. [...] A força e a riqueza do rádio residem na possibilidade de explorar a imaginação do ouvinte".

| Audiovisuais |
| --- |
| - Conteúdo de TV |
| - Conteúdo de rádio |

## DIGITAL MULTIMÍDIA

Conforme já salientado, as mídias digitais, por suas características técnicas peculiares (multimedialidade, hipertextualidade etc.), estão reconfigurando, direta ou indiretamente, todos os outros âmbitos da comunicação, do impresso ao eletrônico. A internet e as suas diversas redes sociais estão no epicentro desse cataclismo.

Nesse sentido, a atualidade experimenta uma revolução nos processos comunicacionais equivalente à invenção da imprensa feita por tipos e prensa móveis por Gutenberg no século XV. Como não poderia deixar de ser, o campo da comunicação organizacional também está afetado por essas mudanças.

As novidades de uso estão sempre surgindo no universo digital. Por isso, mais que fixar uma lista enorme de possibilidades de ferramentas, esta seção apresenta aquelas de utilização mais inovadora ou consistente, além de uma visão estratégica do ciberespaço e da apropriação de suas mídias por parte das organizações.

Comecemos, pois, pela estratégia, a parte mais fundamental num ambiente de insistente e recorrente transformação técnica. Nessa direção, a primeira questão a ser salientada é: em tempos de comunicação em rede, apesar de todos os encantamentos, potencialidades e usos das mídias digitais, é preciso se lembrar que elas não bastam.

De acordo com os protocolos comunicacionais contemporâneos, as mídias convencionais (TV, rádio, impressos etc.) devem se somar às novas mídias numa "dieta" de comunicação ampla e customizada, ajustadas ao comportamento midiático dos públicos-alvo. Falando nisso, conforme esclarecido no capítulo que tratou da apresentação da Coer, é fundamental que, também no âmbito on-line, a comunicação seja feita com base no diagnóstico claro acerca dos públicos-alvo, considerando sua dieta de mídia e temas de interesse.

Uma regra básica para os conteúdos a serem disponibilizados no universo digital: serem diretos, estarem em permanente atualização e serem constituídos de forma autêntica e transparente. Essa interface deve ser sempre fundada no dialogismo e nunca no monólogo unidirecional.

Safko e Brake (2010) assentam qualquer estratégia em mídias sociais em quatro pilares: comunicação (o que e como se comunica e qual a eficácia e resposta dos públicos), colaboração (convite ao envolvimento e receptividade), educação (compartilhar saberes, conhecimentos e informações de interesse) e entretenimento (investir em conteúdo atraente e interessante, com os devidos cuidados para não ser impertinente, sarcástico, depreciativo ou ofensivo).

A comunicação on-line com os públicos-alvo pode se dar a partir de uma iniciativa de ação comunicacional da organização (páginas, perfis, grupos etc.) ou mesmo em função de sua inserção numa comunidade já existente – ou de ambas essas formas.

Sobre qual ferramenta usar, é importante ter claro que o foco não deve ser a ferramenta (mídia), mas sim o público-alvo. Não se deve partir para a inserção no universo on-line preconizando a tecnologia, mas, sim, a comunicação efetiva com quem se deseja falar. A mídia mais apropriada é a mídia que nossos interlocutores usam.

De toda sorte, como explica Reed (2012), é importante às organizações ser "acháveis" para essas comunidades – toda

OS PÚBLICOS JUSTIFICAM OS MEIOS

organização precisa ser encontrável no ciberespaço, oferecendo conteúdo de interesse a quem nela possa estar conectado por algum motivo.

Reed estabelece uma estratégia de marketing on-line que, com as devidas adaptações de cada caso, pode ajudar na desenvoltura organizacional na web. Em linhas gerais, para estar on-line, ser encontrável e ir até as pessoas, o autor recomenda como ponto central a criação de um site/portal, a instituição de uma estratégia de marketing para mecanismos de busca (palavras-chave, propaganda com pagamento por clique etc.) e de comunicação por e-mail.

Nesse contexto, o autor propõe que, a partir da clareza da missão e da visão organizacionais (produtos, serviços, públicos-alvo etc.), constitua-se uma presença on-line com ferramentas de conteúdo e de difusão.

Seguindo a divisão do instrumental sugerida, no âmbito das ferramentas de conteúdo, estão as plataformas que abrigam os quatro tipos de narrativa que circulam na web: texto, áudio, vídeo e imagens. Trata-se de blogues e compartilhamento de fotos, *podcasts* e vídeos on-line e portais/sites/redes específicos.

As ferramentas de distribuição, que farão a conexão entre as fontes/organizações e os públicos-alvo, permitindo compartilhamento de conteúdo e diálogo síncrono e assíncrono entre as partes, abrangem basicamente as redes sociais, tais como o Facebook e o Twitter, e as listas de e-mail.

Reed também considera importante a adoção de duas outras ferramentas: a de escuta e a de medição. As primeiras "são aquelas que você usa para obter informações do mercado" (*ibidem*, p. 34). Os mecanismos das próprias redes sociais e serviços específicos de busca e monitoramento podem ser usados para esse propósito estratégico.

Estatísticas, indicadores e resultados das ações de comunicação organizacional e de marketing, fundamentais para ver as respostas dos públicos-alvo e ajustar os rumos do trabalho, também podem ser obtidos com as ferramentas das redes sociais ou com serviços especializados nessa tarefa crucial.

Seguindo a estratégia de presença no ciberespaço (ferramentas de conteúdo e ferramentas de difusão), formulada por Reed (2012), apresentam-se, a seguir, as principais mídias customizadas na plataforma digital. Vale remarcar que as ferramentas menos conhecidas no campo da comunicação organizacional ganharam um espaço um pouco maior de conceituação e explicações.

### PORTAIS/SITES

Um website, dependendo da quantidade e densidade de informações e de serviços, *hiperlinks* etc., pode ser chamado de portal ou simplesmente site. Trata-se da parte mais importante da presença on-line, funcionando como uma referência de conteúdo sobre a organização.

Deve ser visto como um ponto de encontro, tanto para quem procura pela organização no ciberespaço quanto por quem indica o caminho para ser encontrado, no caso, as ações de comunicação organizacional na rede.

Visualmente limpo e com arquitetura funcional e lógica, o site deve ser amigável aos visitantes e permanentemente atualizado. Além de farto conteúdo institucional (produtos, serviços, organograma etc.), também deve conter *links* para redes sociais, blogues e espaços para contato e participação.

Há inúmeras fontes sobre esse produto, razão pela qual se encerra aqui o relato sobre os sites, restando apenas salientar a sua importância. De acordo com Reed (*ibidem*, p. 46), "não é mais suficiente criar um site para afirmar que você está presente on-line. Você precisa estar em lugares onde os clientes passam o tempo on-line, como Facebook e Twitter. No entanto, um site é um ponto de partida fundamental".

### BLOGUES

Inicialmente conhecidos como "diários on-line", os blogues tornaram-se tão populares que se criou um universo à parte para a imensa rede de páginas pessoais ou corporativas em que se expõem opiniões, comentários, sugestões de *links*, entre outros conteúdos apresentados cronologicamente numa interface simples e interativa: a blogosfera.

Pela blogosfera circulam milhões de internautas. Assim, do ponto de vista da comunicação organizacional, um blogue é um espaço para estabelecer uma interface mais próxima e dinâmica com os públicos-alvo. E, pela possibilidade de troca de opiniões, é também um lugar para ampliar o mútuo conhecimento entre organização e cliente.

Cipriani (2008, p. 44) salienta que os blogues podem ser usados com muita eficácia no composto de comunicação de marketing: "O blog é uma extensão da empresa sob a forma de histórias, dicas e trocas de experiência".

Mas o autor ressalta que o blogue não substitui o site ou portal da empresa, pois ambos têm funções diferentes, apesar de complementares. Para Cipriani (*ibidem*, p. 41), a função do blogue é "trazer para perto da empresa seus clientes, funcionários ou mercado e dar uma 'cara' para a empresa, deixando o relacionamento cliente-funcionário-empresa mais humano".

Rojas Orduña *et al.* (2007) elencam uma série de razões para que uma organização crie um blogue. Entre as principais, destacam-se a facilidade de uso, o baixo custo, a interatividade, a "humanização" da organização, a credibilidade, o imediatismo. Trata-se de fonte para jornalistas e outros públicos de interesse. É potencialmente "contagioso" por meio de recomendações de outros blogueiros e internautas. Funciona, ainda, como base de dados para ampliar e gerenciar o conhecimento organizacional, incluindo seus públicos-alvo.

Como toda ferramenta de comunicação on-line, permanentemente atualizada e requerente de conteúdo direto, claro e verdadeiro, os blogues impõem desafios a seus gestores, que, além de tudo, precisam estar preparados fundamentalmente para dialogar e não apenas emitir.

Mas, de toda sorte, não há como abrir mão de ter uma mídia customizada na blogosfera. Plataformas, tecnologias e aplicativos diversos é o que não falta para se constituir um blogue de referência da organização, com textos, fotos, *podcasts* e *videocasts*, entre outros.

### E-MAIL MARKETING

A estratégia de envio de mensagens via e-mail é das mais utilizadas pelas organizações em geral. E pode ser bem-sucedida quando portadora de conteúdo de interesse do destinatário.

Ocorre que seu uso indiscriminado e intrusivo (*spamming*) acabou gerando uma profunda recusa dos internautas. Por isso, o recurso do e-mail marketing deve ser usado com cautela e somente com a aprovação do destinatário (e-mail *opt-in*).

Em tempos de redes sociais, alguns precipitados podem até imaginar descartar essa mala direta on-line. No entanto, além de nem todos terem perfis em redes sociais, é preciso salientar que o hábito de acessar a caixa de e-mail regularmente se mantém.

Uma das questões mais decisivas na hora de estruturar uma ação de e-mail marketing é a montagem das listas de endereços eletrônicos. Como já salientado, nunca se deve inserir alguém nessas listas sem a aprovação expressa e a possibilidade de cancelar o recebimento.

A organização da lista deve seguir o princípio dos interesses comuns de cada grupo na relação com a organização, considerando-se a segmentação dos públicos-alvo organizacionais, inclusive os subgrupos em que se divide cada segmento.

### E-NEWSLETTERS/E-ZINES

Falando em e-mail marketing, não se pode deixar de mencionar as formas mais utilizadas dessa modalidade: as *e-newsletters*. Por intermédio dessa ferramenta, as organizações enviam uma série de sugestões de leitura a serem aprofundadas a partir de *links* indicados.

Os conteúdos devem estar muito bem endereçados aos destinatários, com temas de interesse, notícias, informações de serviço, agenda, ofertas, lançamentos, entre outros.

As *e-zines* são uma espécie de *e-newsletter*, mas com uma parte editorial mais alentada e uma série de *links* diversificados que levam a endereços de temas de interesse que mantenham interface com as organizações e seus públicos-alvo.

### VIDEOCASTS

Também conhecidos genericamente como webTV, ciberTV, os *videocasts* ou *vodcasts* incluem uma ampla gama de conteúdos audiovisuais produzidos especialmente para o ambiente on-line ou migrados de outros suportes para a base digital.

Pulizzi e Barrett (2009) afirmam que os vídeos podem ajudar a explicar assuntos complicados de maneira simples e convincente, além de humanizar a organização ao estabelecer um contato visual entre os clientes e os membros corporativos, criando a sensação de "velhos conhecidos" entre o *staff* organizacional e os públicos-alvo.

Quanto aos conteúdos, Reed (2012) sugere mensagens de boas-vindas, testemunhos de clientes, entrevistas de especialistas, comerciais tradicionais, "infomerciais"/publieditoriais (anúncios enriquecidos com informações úteis), demonstração de produtos e treinamentos.

O planejamento dessas mensagens deve se basear na criatividade e na interação/participação dos públicos-alvo. Há vários exemplos de webséries em que, numa sucessão de episódios, contam-se histórias reais ou ficcionais, que sejam constituídas também pela contribuição dos internautas e tenham como "personagem" marcas/organizações.

Filmes, curtas-metragens, animações, microsséries/séries on-line estão entre os formatos mais inovadores na produção audiovisual dedicada ao ambiente web. A duração desses *videocasts* vai dos parcos 15 segundos a cerca de três minutos, em média.

Quanto mais criativo e envolvente um *videocast*, mais chance ele tem de se tornar um viral (conteúdo compartilhado exponencialmente na rede), gerando comentários e percepções inclusive para além do ciberespaço, como jornais, revistas e TV.

Falando em virais, Torres (2009, p. 254) afirma que a criação de vídeos e animações difundidos viralmente pelos usuários, por serem surpreendentes, curiosos ou engraçados, "são peças produzidas com a intenção de parecer um vídeo incidental, gravado por um internauta qualquer, e que levam a marca e a mensagem da empresa".

Na era da imagem e diante dos custos estratosféricos da propaganda na TV, a alternativa de vídeos organizacionais compartilhados na web deve ser considerada uma ação complementar na gestão de imagem.

Nessa direção, Safko e Brake (2010, p. 172) recomendam: "Pegue seus vídeos, escolha alguns sites de compartilhamento de vídeo e comece a publicar. Certifique-se de mencionar os vídeos em seus blogs e e-mails".

### PODCASTS

Os *podcasts* são arquivos de áudio distribuídos via internet. Para Cipriani (2008, p. 163), "as empresas podem usar esse tipo de conteúdo para divulgar dicas ou produzir seu próprio programa, educando o cliente sobre sua marca ou o mundo em torno dela".

Também conhecidos como *webrádio*, os *podcasts* podem ser acompanhados pelos usuários por meio de agregadores de conteúdos, que atualizam automaticamente os arquivos compartilhados.

Os principais formatos, segundo Torres (2009), são entrevistas (específicas para a web ou adaptadas de conversas com jornalistas de mídias de massa), séries de rádio (uma espécie de programa de rádio, com atualizações recorrentes) e educacionais (explicações sobre produtos, serviços etc.).

Falar direta e frequentemente com os públicos-alvo sobre temas de interesse comum (informações úteis, dicas etc.) é uma estratégia que tem o potencial de fidelizar os clientes ou parceiros.

Nessa direção, Crescitelli e Shimp (2012, p. 343) reportam que "o *podcasting* permite que os anunciantes direcionem as mensagens a consumidores que compartilham estilos de vida parecidos, revelados pela autosseleção de um *podcast* específico".

## FOTOGRAFIA

O compartilhamento de fotografias, que conta com aplicativos e plataformas on-line específicos, é outra maneira de difundir conteúdo organizacional customizado na web.

Todos os tipos de organizações podem utilizar essa modalidade de comunicação, mas aquelas que ofereçam produtos e serviços com entregas tangíveis (hotéis, *petshops*, restaurantes, bares etc.) se dão melhor, pois têm potencialmente temas em quantidade e variedade para registros fotográficos interessantes.

Safko e Brake (2010, p. 129) apontam que as principais vantagens desse tipo de comunicação são "a exposição de alta qualidade" e o "baixo custo". Para os autores, quando uma organização faz *upload*s gratuitos de suas fotos, "está participando de uma área de marketing da Internet que é altamente segmentada, competitivamente vantajosa – e totalmente livre de despesas".

## HOUSE ORGANS INTERNOS E EXTERNOS

A exemplo dos seus pares impressos, os *house organs*, destinados tanto a públicos internos como externos, podem ter suas versões on-line. Comparativamente às versões de papel, as edições digitais devem ter conteúdos extras, aproveitando-se a multimedialidade inerente ao suporte. São difundidas por meio de e-mail marketing bem segmentado.

## REVISTA DIGITAL

O mesmo ocorre com as revistas impressas, que podem ser editadas em ambiente virtual com a agregação de conteúdo multimidiático. Inclusive, tais conteúdos extras podem ser indicados na versão em papel, criando-se uma interação vantajosa na entrega de conteúdos organizacionais customizados.

Ao produzir versões digitais de revistas impressas, segundo Pulizzi e Barrett (2009, p. 42), as empresas encontram "uma maneira de integrar seu conteúdo impresso com sua presença na Web. Revistas digitais combinam a beleza do impresso com a interatividade da internet".

### E-BOOKS

Os livros eletrônicos ou digitais (*e-books*), assim como seus similares impressos, são um investimento especial de divulgação de conteúdo customizado. Devem ser produzidos com base em uma segmentação bem direcionada de públicos-alvo e apresentar conteúdo relevante e atraente, tendo maiores chances de se transformar em viral.

Pulizzi e Barrett (2009) afirmam que o *e-book* deve ter entre 20 e 50 páginas, agrupadas entre cinco e dez capítulos. Para os autores uma boa estratégia é entregar aos internautas um capítulo a cada semana, criando-se uma série, em vez de distribuir todo o conteúdo de uma só vez.

O conteúdo digital pode simplesmente reproduzir o livro impresso ou, em projetos mais sofisticados, também agregar material extra, como textos, fotografias, infográficos, vídeos e sons digitais.

De toda sorte, para que o *e-book* não pareça um objeto estranho no ciberespaço, é preciso considerar todas as características técnicas do suporte digital na hora de produzir um conteúdo dessa natureza.

### GAMES

A atualidade vive um verdadeiro *boom* dos jogos digitais. Segundo McGonigal (2012), a movimentação dessa indústria gira em torno de US$ 68 bilhões anuais, levando conteúdo a computadores, *smartphones* e "*home enterteinment systems*".

Conforme explicitado anteriormente, na seção Jogos (p. 116), esses artefatos entraram na pauta da civilização há milênios, ou até mesmo ajudaram a fundá-la, como defende Huizinga (2008), perpetuando-se como espaço de entretenimento e interação. As principais características dos jogos são: meta, regras, sistema de *feedback* e participação voluntária. Segundo a formuladora desse conceito, Jane McGonigal (2012, p. 31), abordando especificamente a questão dos *games*, "todo o resto é um esforço para consolidar e fortalecer esses quatro elementos principais".

Nesse conjunto de elementos dinamizadores dos jogos, contam a capacidade de sedução e envolvimento da história, sistemas complexos de métrica de pontuação, experiência *multiplayer*, gráficos imersivos, sons convincentes e ambientes 3D, além de algoritmos que aumentam as dificuldades à medida que o jogo avança.

A pesquisadora afirma que a "cultura dos jogos" apresenta uma tendência de expansão planeta afora com a mesma relevância que tem nos atuais campeões do *ranking* dos *games*: Coreia do Sul, Estados Unidos, Japão e Reino Unido.

Segundo a autora, nos Estados Unidos, pesquisas indicam que "69% de todos os chefes de família dedicam-se a jogos de computador ou *videogames*", patamar que chega a 97% quando se fala de jovens. Detalhe que mostra a irreversibilidade da tendência: "A maioria dos jogadores espera continuar jogando para o resto de suas vidas" (*ibidem*, p. 21).

Nesse sentido, a pesquisadora relata que, no mundo, são destinados 3 bilhões de horas semanais aos jogos. Mas por que tanta popularidade? Para McGonigal, os jogos de computador e *videogames* "estão satisfazendo as genuínas necessidades humanas que o mundo real tem falhado em atender. Eles oferecem recompensas que a realidade não consegue dar" (*ibidem*, p. 14).

A autora ainda destaca o senso de pertencimento ensejado pelos jogos: "Eles nos ensinam, nos inspiram e nos envolvem de uma maneira pela qual a sociedade não consegue fazer. Eles estão nos unindo de uma maneira pela qual a sociedade não está".

Ou seja, satisfação, exercício cognitivo, inspiração, envolvimento e interação são os principais atributos dos *games*. Some-se a isso o caráter imersivo desses jogos e se terá uma combinação perfeita para, do ponto de vista da comunicação customizada, trabalhar a inserção de temas organizacionais no universo de interesse dos públicos-alvo.

Além dos jogos tradicionais, McGonigal diz que, "atualmente, os jogos aparecem em mais formas, plataformas e gêneros do que em qualquer outro momento da história da humanidade" (*ibidem*, p. 30).

A autora lista jogos *singleplayer*, *multiplayer* e on-line para multidões, com acesso em computador pessoal, consoles, dispositivos portáteis e *smartphones*. Jogos que duram de cinco segundos a 24 horas, 365 dias por ano.

É de destacar que os *mobile games*, aplicativos para acesso em *tablets* e *smartphones*, crescem em participação no universo dos *games*, caracterizando-se por sua simplicidade, humor, desafio e "leveza" operacional.

Diante de tanta popularidade e variedade, numa cultura midiatizada, a alternativa dos *games* como mídias de conteúdo customizado deve ser seriamente considerada, segundo os parâmetros de comunicação organizacional descritos nesta publicação.

Grandes corporações planetárias, assim como a organização de eventos mundiais, vêm lançando mão de *games* em plataformas on-line para fazer uma comunicação customizada e com foco em posicionamentos bem definidos, conforme descreve McGonigal (2012), entre outros especialistas em jogos.

Vale dizer que esse universo de possibilidade comunicacional está aberto não apenas aos gigantes. Principalmente no que diz respeito aos *mobile games*, trata-se de uma alternativa possível a investimentos menos portentosos. De olho nesse mercado, ao redor do mundo, há diversas empresas especializadas em produzir *games* customizados, ressalte-se.

Enfim, nos seus mais diversos formatos e plataformas, os *games* são um potencial de comunicação privilegiado pela atenção que capta e mantém no seu processo imersivo. E também porque, como defende McGonigal (*ibidem*, p. 352), "não pode-

OS PÚBLICOS JUSTIFICAM OS MEIOS

mos mais nos dar ao luxo de considerarmos os jogos como algo separado de nossas próprias vidas reais e de nosso trabalho real".

Para além do mero entretenimento, a seguir, duas possibilidades de uso dos *games* em interfaces com narrativas de cunho jornalístico e publicitário.

### NEWSGAMES

Na onda dos *games* como parte integrante e praticamente onipresente do cotidiano contemporâneo, e diante das diversas possibilidades de uso desse instrumento milenar, instituiu-se uma novidade no mundo do jornalismo chamada de *newsgames*.

Os *newsgames* são a perfeita mídia para a narrativa que se classifica como infoentretenimento, segundo já discutido neste livro. Esse tipo de comunicação surgiu há cerca de uma década, a partir da popularização dos *games* via web e das transformações e possibilidades abertas pelo universo digital à narrativa jornalística tradicional.

É uma comunicação que lança mão das principais marcas da interface digital, também conforme já apresentado aqui: multimidialidade, hipertextualidade, interatividade, memória, atualização e personalização.

Com a apropriação da narrativa jornalística dessas possibilidades técnicas, surgiu e se desenvolveu nas últimas décadas o que se chama comumente de webjornalismo, exatamente a base de conexão com os *games*, já enormemente popularizados pela sua difusão e acesso on-line via internet, dando suporte e *know-how* para a produção e difusão dos *newsgames*.

No mundo, veículos como *The New York Times*, a rede CNN, a MTV e o jornal espanhol *El País* estão entre os pioneiros no desenvolvimento de *newsgames*. No Brasil, seguem essa novidade o G1, o Grupo Folha, o Grupo Abril, com as revistas *Superinteressante*, *Capricho* e *Mundo Estranho*, entre outros.

Em linhas gerais, o *newsgame* é uma narrativa noticiosa constituída em plataformas de jogos on-line. Os assuntos abordados devem ter uma duração mais ampliada ou um alto grau de importância que justifique um investimento desse porte e até mesmo a atenção especial dos internautas.

De acordo com Seabra (2013), "os *newsgames* chegam como proposta real de uma prática de *games* como suporte de produção, circulação e consumo de informação e notícia", incluindo a participação dos internautas nesse processo.

Para esse pesquisador, tem-se a criação do "jornalismo 4.0", sendo que a notícia "formatada em suportes de *games* é uma das mais recentes formas de apropriação das funções do jornalismo produzido em ambiente on-line, que busca relacioná-las aos fatos jornalísticos ou acontecimentos em tempo real" (2013b, p. 1).

No campo da comunicação organizacional, conforme já vimos, há vários exemplos de apropriação de narrativas e mídias jornalísticas com o intuito de fazer circular mensagens institucionais. Jornais, portais, revistas etc são exemplos desse movimento.

No caso dos *newsgames*, apesar da incipiência do seu uso, também fica clara a possibilidade de os gestores de comunicação organizacional lançarem mão dessa mídia para compartilhar conteúdo institucional com seus públicos de interesse.

### ADVERGAMES

Neologismo surgido da fusão das palavras inglesas *advertisement* (publicidade) e *game* (jogo), os *advergames* datam ainda do tempo dos jogos acessados em consoles, tendo ganhado espaço e importância mesmo com a difusão dos *games* on-line.

Para Chamis (2013, p. 12), o *advergame* é "uma estratégia de marketing que utiliza jogos eletrônicos como ferramenta para divulgar e promover marcas, produtos, serviços, organizações etc.".

Os *advergames* podem ser jogos que contenham mensagens publicitárias em seus roteiros ou mesmo conteúdo preparado exclusivamente para uma marca ou organização, com vistas a promover uma imersão do cliente no "universo" institucional.

Segundo Chamis, o grande desafio é a associação da marca ao conteúdo do *game*. Ele aponta três maneiras de fazê-lo de forma eficaz: associativa, citando o exemplo de um produto ligado a um estilo de vida; ilustrativa, com um produto ou serviço sendo mostrado no roteiro; e demonstrativa, na qual o usuário pode experimentar o serviço no ambiente do jogo.

Telles (2009, p. 96) classifica a interface da organização/marca com o conteúdo de duas formas: *"in-game advertising"* ("nada mais é do que replicar a propaganda do mundo real no mundo virtual") e *"advergaming"* ("produzir todo o jogo com propósito de promover um produto ou uma marca").

Geralmente, os *advergames* compõem uma estratégia mais ampliada de conexões, incluindo redes sociais, marketing viral, promoções etc. Salientando que a exposição à marca, no caso do *advergames*, é muito maior se comparada à TV, por exemplo, indo de cinco a 30 minutos, Chamis afirma que com essa estratégia os anunciantes encontram um público receptivo e agradecido, pois está relaxado e se divertindo de forma gratuita.

Nessa direção, o especialista relata pesquisas que mostram 83% dos usuários satisfeitos com os *advergames*, estando 70% mais propensos a comprar produtos dessas empresas e 74% pretendendo jogar novamente.

Enfim, como exposto, os *games* tornaram-se parte da cultura atual e se transformaram em um grande negócio. Com o advento dos jogos on-line, verdadeiras comunidades se estabelecem em torno de *games* que se tornaram genuínas lendas contemporâneas.

Nesse ambiente, seja para veicular notícias ou fatos de interesse organizacional, seja para fazer publicidade, os *games* também se tornaram uma mídia potencial para a comunicação organizacional em sua estratégia de interfaces customizadas.

### MUNDOS VIRTUAIS

De acordo com Sodré (2002), as tecnologias digitais de comunicação viabilizam a instituição de um *ethos* (costume, hábito, regra, espaço de realização da ação humana) midiatizado na contemporaneidade. Ao analisar especificamente os ambientes digitais (internet e realidades artificiais e interativas), o autor aponta a conformação de um novo *bios*, ou um quarto âmbito existencial: o *"bios* midiático", "um novo modo de presença do sujeito no mundo" (*ibidem*, p. 24).

Nas mídias tradicionais (TV e cinema, por exemplo), afirma o autor, assiste-se ao mundo reproduzido. No universo hipermidiático, vive-se o mundo reproduzido, na medida em que viver parece ser exercitar sentidos, interferir por intermédio deles. O espaço virtual faz mais que replicar a realidade, ele oferece uma realidade que é lida, construída, mas ainda pode ser modificada por operações viabilizadas por *softwares*.

Nos ambientes digitais, o usuário pode entrar e mover-se graças à interface gráfica, trocando a representação clássica pela "vivência apresentativa". É uma forma condicionante de experiência vivida, com características particulares de temporalidade e espacialização.

A internet, sendo uma mídia "acolhedora" e atraente, por ser potencialmente interativa e concretamente amalgamadora das faculdades comunicacionais humanas até então dispersas em mídias estanques, convulsiona e mobiliza os sentidos humanos, fazendo emergir uma sensação de vida. Trata-se do que Sodré denomina de "vivência propriamente áptica (perceptiva, auditiva e tátil") (*ibidem*, p. 122).

Nesse novo "âmbito existencial", há uma linha tênue entre o universo dos *games* e os mundos virtuais, que são plataformas de realidades digitais em que os internautas criam seus avatares para viver uma experiência imersiva.

Segundo Reed, os mundos virtuais se assemelham a *videogames*, mas funcionam como redes sociais, apesar de não ser tão fáceis de usar como estas, em razão das especificidades da interface.

Mesmo com as barreiras técnicas, e não sendo a prioridade no rol de ferramentas a se usar na comunicação em rede, os mundos virtuais podem ser utilizados para interfaces com nichos bem segmentados, geralmente seguindo-se comunidades de interesse organizacional.

Safko e Brake (2010, p. 215) recomendam a inserção nos mundos virtuais, até mesmo como experimentação, por se tratar de "rede confiável de usuários com pensamentos semelhantes – em que muitos podem ser potenciais clientes".

## REDES SOCIAIS

Por último, mas não menos importante, as redes sociais. Trata-se de genuínas "ferramentas de distribuição", segundo a estratégia de Reed (2012), já apresentada aqui. São meios de conexão e conversa que podem levar a um aprofundamento da interface no ciberespaço por meio das "ferramentas de conteúdo".

A definição de rede social também já foi citada, mas não custa remarcar. De acordo com Recuero (2009, p. 24-5), uma rede social "é definida como um conjunto de dois elementos: *atores* (pessoas, instituições ou grupos; os nós da rede) e suas *conexões* (interações ou laços sociais)".

As redes sociais são espaços para compartilhamento de mensagens multimídia (texto, áudio, vídeo, fotos), constituindo-se vínculos os mais diversos entre os interlocutores.

Importante não confundir redes sociais com mídias sociais. As redes são uma possibilidade das mídias sociais, que oferecem suporte tecnológico para que se produza uma interface colaborativa e dialógica na internet.

Há mais de uma dezena de redes sociais com públicos representativos e alcance planetário, cada uma com diferenciais e serviços específicos. O Brasil é um dos países no topo do *ranking* mundial no uso de redes na internet. Como esse fenômeno é recente, o uso dessas redes nas estratégias de comunicação ainda é incipiente, mas não dá para ignorá-lo.

De acordo com Reed (2012, p. 164), as redes sociais são importantes para as organizações porque elas permitem criar "conexões, desenvolver listas, produzir boca a boca e gerar confiança". Para o autor, "todos esses elementos são fundamentais para o sucesso do marketing on-line, e nada supera as redes sociais na maneira de fazer isso acontecer".

Trata-se de comunicação dinâmica e de interface em tempo real, pautada pela contingência, o que exige habilidades e estratégias comunicacionais bastante específicas.

É preciso saber falar a língua da rede, interagir com perfis favoráveis e desfavoráveis, dar respostas equilibradas a todas as questões. Enfim, para se inserir nas redes sociais, é preciso estar disposto a conversar, segundo uma pauta planejada e também inesperada.

Importante salientar, ainda, que as redes sociais são um excelente espaço de aferição da imagem organizacional no ambiente digital e para além dele, uma vez que as redes acabam sempre reverberando temas de destaque em outras mídias, digitais ou não.

Para além do aspecto puramente comunicacional, é preciso remarcar que as redes sociais digitais podem se constituir como verdadeiros segmentos de públicos-alvo, conforme visto no Capítulo 3.

São grupos formados pela comunicação e a partir da comunicação via internet, organizados em torno de interesses comuns, com potenciais ganhos de imagem institucional.

Nesse sentido, organizações e personalidades devem buscar constituir "comunidades" ou territorialidades digitais articuladas em redes a partir de ideias, produtos, serviços, promovendo seu posicionamento de forma dialógica e participativa.

Esse tipo de agrupamento também é interessante no processo de gerenciamento de crises. Como as redes sociais são geralmente grupos de pessoas que compartilham dos mesmos ideais e opiniões e, na maioria das vezes, são avessas a pronunciamentos ou falas oficiais, é difícil promover o contraditório e a defesa em caso de crises.

Mas, como as diferentes redes acabam registrando alguns pontos de contato entre si, sempre haverá brechas a serem ocupadas por internautas de outras redes, por exemplo, aqueles conectados a comunidades ou páginas organizacionais. Esses "voluntários" podem fazer circular argumentos organizacionais. Isso acaba ajudando na disputa discursiva que se instala no grande painel de redes digitais, que, mesmo tangencialmente, comunicam-se. Por isso é essencial ter uma rede forte e permanentemente dinamizada com informações e interações diversas, constituindo-se verdadeiros "advogados" ciberespaço afora.

| Digital multimídia |
| --- |
| - Portais/sites |
| - Blogues |
| - E-mail marketing |
| - *E-newsletters/e-zines* |
| - *Videocasts* |
| - *Podcasts* |
| - Fotografia |
| - *House organs* internos e externos |
| - Revista digital |
| - *E-books* |
| - *Games* |
| - *Newsgames* |
| - *Advergames* |
| - Mundos virtuais |
| - Redes sociais |

Vencido o processo de descrição das principais possibilidades de constituição de mídias customizadas nas plataformas impressa, audiovisual e digital multimídia, passa-se agora à etapa fundamental de planejamento de uma ação coordenada e integrada aos demais processos de comunicação organizacional.

## PLANO DE MÍDIAS *TAILOR-MADE* NA COER

De acordo com os fundamentos organizacionais e os conceitos do planejamento estratégico de comunicação, e seguindo os escopos estruturantes da Coer (institucional interno e externo, e mercadológico), já explicitados neste livro, será apresentado, a seguir, um modelo de organização do trabalho de formulação e execução de ações coordenadas e integradas de mídias customizadas.

No planejamento geral, para chegar ao conjunto das mídias customizadas a serem constituídas, são definidos, em cada escopo da comunicação organizacional estratégica em rede, os públicos-alvo, as plataformas, as narrativas mais apropriadas.

Em seguida, para cada mídia, faz-se um plano de execução específico, definindo-se as razões/justificativas/objetivos (por quê), a cadeia de valor/processo/etapas (como), o cronograma (quando), o responsável (quem), o orçamento (quanto) e o conteúdo (o que). Ao final, com o conjunto de iniciativas mapeado e descrito em detalhes, será formado um catálogo de atividades de produção de mídias customizadas.

É importante lembrar que todas as mídias customizadas, além de ter conteúdo de interesse e ser entregues no "endereço certo", off ou on-line, precisam ser promovidas – divulgadas em todas as mídias da rede em que seus públicos-alvo estão conectados.

Pode-se e deve-se fazer um processo de cruzamento de divulgação, com mídias digitais apresentadas/anunciadas em plataformas impressas e vice-versa, por exemplo. Nesse processo, podem ser usados redes sociais, *feeds* de atualização de conteúdos como RSS, *press-releases*, *outdoors* etc.

Levando em consideração todo esse complexo processo, resta dizer que é primordial estabelecer uma sistemática de acompanhamento e monitoramento gerencial do trabalho, incluindo a avaliação de resultados. Até porque tanto sucessos como fracassos têm muito a ensinar.

## Plano estratégico de mídias organizacionais customizadas

**1) REFERÊNCIAS DA COER**
a) Identidade organizacional (missão, visão, valores, pontos fracos e fortes, ameaças e oportunidades etc.)
b) Plano estratégico de comunicação organizacional (posicionamento, imagem, macro-objetivos, públicos-alvo etc.)

**2) MAPA DE MÍDIAS CUSTOMIZADAS**

| ESCOPO | PÚBLICO-ALVO | PLATAFORMA | NARRATIVA | MÍDIA |
|---|---|---|---|---|
| Inst. Interno | | | | |
| | | | | |
| | | | | |
| Inst. Externo | | | | |
| | | | | |
| | | | | |
| Mercadológico | | | | |
| | | | | |
| | | | | |

**3) CATÁLOGO DE ATIVIDADES**

| MÍDIA | |
|---|---|
| Por quê | Objetivo e justificativa |
| Como | Processo de execução |
| Quando | Cronograma |
| Quem | Responsáveis |
| Quanto | Custos |
| O que | Conteúdo (pauta, abordagem etc.) |

**4) ENTREGA E DIVULGAÇÃO/PROMOÇÃO**

**5) AVALIAÇÃO E APRENDIZADO**

A partir das referências da comunicação organizacional estratégica em rede (Coer), um plano estratégico de mídias customizadas deve ser resultado da compreensão dos principais fundamentos de uma interface *tailor-made*: o endereço certo e o conteúdo de interesse.

Como visto ao longo desta publicação, é necessário conhecer em profundidade os públicos com os quais a organização precisa manter um diálogo profícuo e duradouro.

Assim, é importante apurar profissionalmente, por meio de pesquisas, quais são os temas preferenciais desses públicos e também a sua "dieta" de mídia – seus hábitos comunicacionais.

Tendo esse mapa, o desafio é constituir conteúdos de interesse que sejam pertinentes para ambas as partes, colocando organizações e públicos para "conversar" sobre assuntos que reforcem seus pontos em comum. E mais: tudo isso por intermédio de mídias que sejam familiares aos públicos.

Enfim, as mídias customizadas devem ser vistas como pontos de encontro para conversas e abordagens de assuntos e questões que componham, a um só tempo, o universo organizacional e a vida dos públicos-alvo de uma instituição ou personalidade.

Trata-se, por meio da comunicação especializada, de reforçar ou de criar vínculos entre dois polos que, mesmo tendo áreas de contato, muitas vezes estão dispersos ou distantes um do outro.

A estruturação ou a dinamização dessa interface são decisivas para a sobrevivência e o avanço organizacional, o que inclui fundamentalmente clientes/interlocutores satisfeitos e envolvidos com suas escolhas, sejam elas referenciadas a um produto, um serviço ou uma ideia.

Promover esse diálogo ou viabilizar esse encontro está se tornando cada vez mais complexo na atual contingência de disputa acirrada pela atenção em ambiente de inflação informacional.

Nesse sentido, disputar o olhar, os ouvidos, as falas, o pensamento, enfim, as mentes e os corações dos interlocutores organizacionais é tarefa para estrategista muito bem munido de conceitos e ferramentas da comunicação. E nesse verdadeiro campo de batalha da guerra pela atenção são os públicos que justificam os meios.

# Referências bibliográficas

ADLER, Richard P. e FIRESTONE, Charles M. *A conquista da atenção*. São Paulo: Nobel, 2002.

ARGENTI, Paul. *Comunicação empresarial*. Rio de Janeiro: Elsevier, 2006.

BARBER, Benjamin R. *Consumido*. Rio de Janeiro: Record, 2009.

BAUMAN, Zigmunt. *Vida para consumo*. Rio de Janeiro: Zahar, 2008.

_____. *Modernidade líquida*. Rio de Janeiro: Zahar, 2001.

BELMONTE, Roberto Villar. "Rádio: criando imagens com o som". In: BELTRAND, Marcello Vernet de. *Manual de comunicação e meio ambiente*. São Paulo: Peirópolis, 2004.

BUCKINGHAM, Will *et al*. *O livro da filosofia*. São Paulo: Globo, 2011.

BURKE, Peter. *Uma história social do conhecimento – De Gutenberg a Diderot*. Rio de Janeiro: Zahar, 2003.

CARDOSO, Gustavo. "Da comunicação em massa à comunicação em rede: modelos comunicacionais e a sociedade da informação". In: MORAES, Denis. *Mutações do visível*. Rio de Janeiro: Pão e Rosas, 2010.

_____. *A mídia na sociedade em rede*. Rio de Janeiro: Fundação Getúlio Vargas, 2007.

CASTELLS, Manuel. *Communication power*. Nova York: Oxford University Press, 2009.

_____. *A galáxia da internet*. Rio de Janeiro: Zahar, 2003.

_____. *A sociedade em rede*. São Paulo: Paz e Terra, 2001.

CHAMIS, Fernando. "Advergames". Disponível em: <http://www.slideshare. net/fchamis/advergames-no-brasil#btnPrevious>. Acesso em: 6 jun. 2014.

CIPRIANI, Fábio. *Blogue corporativo*. São Paulo: Novatec, 2008.

COVALESKI, Rogério. *Publicidade híbrida*. Curitiba: Maxi, 2010.

CRESCITELLI, Edson e SHIMP, Terence A. *Comunicação de marketing – Integrando propaganda, promoção e outras formas de divulgação*. São Paulo: Cengage Learning, 2012.

DAVENPORT, Thomas H. e BECK, John C. *The attention economy – Understanding the new currency of business*. Boston: Harvard Business School Press, 2001.

ECO, Umberto. *A memória vegetal e outros escritos sobre bibliofilia*. Rio de Janeiro: Record, 2010.

GARCÍA, Santiago. *A novela gráfica*. São Paulo: Martins Fontes, 2012.

GIL, Antonio Carlos. *Como elaborar projetos de pesquisa*. 4. ed. São Paulo: Atlas, 2002.

GOMES, Itania Maria Mota. "O *infotainment* na televisão". Disponível em: <http://www.compos.org.br/data/biblioteca_1154.pdf>. Acesso em: 6 jun. 2014.

HOUAISS, Antônio e VILLAR, Mauro de Salles. *Dicionário Houaiss da língua portuguesa*. Rio de Janeiro: Objetiva, 2009.

HUIZINGA, Johan. *Homo ludens*. São Paulo: Perspectiva, 2008.

JENKINS, Henry. *Cultura da convergência*. São Paulo: Aleph, 2008.

LANIER, Jaron. *Bem-vindo ao futuro*. São Paulo: Saraiva, 2012.

LÉVY, Pierre. *Cibercultura*. São Paulo: Editora 34, 2001.

LIMA, Edvaldo Pereira. *Páginas ampliadas*. São Paulo: Manole, 2004.

MAQUIAVEL, Nicolau. *O príncipe*. São Paulo: Penguin, 2010.

MARTINUZZO, José Antonio. *Seis questões fundamentais da assessoria de imprensa estratégica em rede*. Rio de Janeiro: Mauad, 2013a.

_____. *Seis questões fundamentais da comunicação organizacional estratégica em rede*. Rio de Janeiro: Mauad, 2013b.

McGONIGAL, Jane. *A realidade em jogo*. Rio de Janeiro: BestSeller, 2012.

MIÈGE, Bernard. "A questão das tecnologias de comunicação: novas perspectivas". In: MORAES, Dênis (org.). *Mutações do visível*. Rio de Janeiro: Pão e Rosas, 2010.

MININNI, Giuseppe. *Psicologia cultural da mídia*. São Paulo: A Girafa/Sesc, 2008.

MONTORO, Tânia Siqueira. "Audiovisual". In: MARCONDES FILHO, Ciro. *Dicionário da comunicação*. São Paulo: Paulus, 2009.

MORAES, Dênis (org.). *Mutações do visível*. Rio de Janeiro: Pão e Rosas, 2010.

_____. *Sociedade midiatizada*. Rio de Janeiro: Mauad, 2006.

NOVAES, Adauto (org.). *Muito além do espetáculo*. São Paulo: Senac, 2005.

PALACIOS, Marcos. *Manual de laboratório de jornalismo na internet.* Salvador: EdufBA, 2007.

PULIZZI, Joe e BARRETT, Newt. *Get content get costumers.* Nova York: McGraw-Hill, 2009.

QUESSADA, Dominique. *O poder da publicidade na sociedade consumida pelas marcas.* São Paulo: Futura, 2003.

RECUERO, Raquel. *Redes sociais na internet.* Porto Alegre: Sulina, 2009.

REED, Jon. *Marketing online.* São Paulo: Lafonte, 2012.

ROJAS ORDUÑA, Octavio I. *et al. Blogues: revolucionando os meios de comunicação.* São Paulo: Thomson Learning, 2007.

SAFKO, Lon e BRAKE, David K. *A bíblia da mídia social.* São Paulo: Blucher, 2010.

SANT'ANNA, Armando. *Propaganda: teoria, técnica e prática.* São Paulo: Pioneira, 2002.

SCALZO, Marília. *Jornalismo de revista.* São Paulo: Contexto, 2008.

SEABRA, Geraldo. "*Newsgames* despontam como novo modelo de jornalismo". Disponível em: <http://webinsider.uol.com.br/2012/09/24/newsgames-despontam-como-novo-modelo-de-webjornalismo/>. Acesso em: 22 abr. 2013.

_____. "*NewsGames* – demarcando um novo modelo de jornalismo on line". Disponível em: <http://www.slideshare.net/fullscreen/BlogNews Games/newsgames-demarcando-um-novo-modelo-de-jornalismo--onlinepdf/1>. Acesso em: 6 jun. 2014.

SHIRKY, Clay. *A cultura da participação.* Rio de Janeiro: Zahar, 2011.

SODRÉ, Muniz. *As estratégias sensíveis – Afeto, mídia e política.* Petrópolis: Vozes, 2006.

_____. *Antropológica do espelho.* Petrópolis: Vozes, 2002.

_____. *Reinventando a cultura.* Petrópolis: Vozes, 1996.

TELLES, André. *Geração digital.* São Paulo: Landscape, 2009.

TORQUATO, Francisco Gaudêncio. *Tratado de comunicação organizacional e política.* São Paulo: Thomson, 2004.

TORRES, Cláudio. *A bíblia do marketing digital.* São Paulo: Novatec, 2009.

TRAQUINA, Nelson. *Teorias do jornalismo.* v. 2. Florianópolis: Insular, 2005.

TÚLIO COSTA, Caio. *Ética, jornalismo e nova mídia.* Rio de Janeiro: Zahar, 2009.

TÜRCKE, Christoph. *Sociedade excitada.* Campinas: Editora da Unicamp, 2010.

VIEIRA, Valter Afonso e TIBOLA, Fernando. "Pesquisa qualitativa em marketing e suas variações: trilhas para pesquisas futuras". Disponível em: <http://www.anpad.org.br/rac/vol_09/dwn/rac-v9-n2-vav.pdf>. Acesso em: 6 jun. 2014.

WATTS, Harris. *On camera*. São Paulo: Summus, 1990.

WOLFF, Francis. "Por trás do espetáculo: o poder das imagens". In: NOVAES, Adauto. *Muito além do espetáculo*. São Paulo: Senac, 2005.

WOLTON, Dominique. *Informar não é comunicar*. Porto Alegre: Sulina, 2010.

ZELIZER, Barbie. *Covering the body: the Kennedy assassination, the media and the shaping of collective memory*. Chicago: Chicago University Press, 1992.

www.gruposummus.com.br

IMPRESSO NA
**sumago** gráfica editorial ltda
rua itauna, 789  vila maria
**02111-031**  são paulo  sp
tel e fax 11 **2955 5636**
**sumago**@sumago.com.br